생생 시사영어

생생 시사영어

초판 1쇄 발행 2024년 2월 10일

지은이: 박명수(상명대학교)

펴낸이: 김연희

편집 및 디자인: 김연희, 박준

펴낸곳: 로이트리 프레스

주소: 경기도 화성시 메타폴리스로 42, 9층

http://www.roitree.co.kr

출판등록: 2021년 1월 13일 제2021-000004호

ⓒ 박명수, 2024

ISBN 979-11-973534-5-1 (03700)

이 도서의 국립중앙도서관 출판예정도서목록(CIP)은 서지정보유통지원시스템 홈페이지(http://seoji.nl.go.kr)와 국가자료공동목록시스템(http://www.nl.go.kr/kolisnet)에서 이용하실 수 있습니다. (CIP제어번호: CIP)

본 저서는 2022학년도 상명대학교 교내연구비를 지원받아 수행하였음.

생생 시사영어

박명수 지음

로이트리 프레스

| 목차

I. 뉴스(news)

    1. 뉴스와 이야기   15
    2. 뉴스의 가치   15
    3. 뉴스의 종류   17
    4. 뉴스 기사의 구성   20

II. 헤드라인(headline)

    1. 헤드라인의 언어적 특징   27
    2. 역사적 과거(Historic Present)   51
    3. 헤드라인에 사용하는 기타 문장부호   52

III. 헤드라인과 동사

    1. 헤드라인에 어울리는 동사   57
    2. 행위동사(Action Verb)   58
    3. 헤드라이이 좋아하는 동사   59
    4. 뉴스에서 가장 많이 사용하는 동사   74
    5. 뉴스에 자주 사용하는 구문   76

IV. 정치뉴스

    1. 핵심표현   85
    2. 국가별 의회   99
    3. 법 그리고 시행령   100
    4. 국경일과 기념일   101
    5. 대한민국 정부조직도   103

V. 남북관계(Inter-Korean) 뉴스

1. 핵심표현   107
2. 북한의 '위대한 영도자'   118
3. 조약, 협약, 협정…   120
4. 영어에도 폐하, 전하가 있다   122
5. 대한민국 정부 부처 한글-영어 공식 명칭   125

VI. 선거 뉴스

1. 핵심표현   133
2. 당선사례 예시   141
3. 우리나라 정당명칭   143
4. 민주당은 당나귀, 공화당은 코끼리   145

VII. 전쟁 뉴스

1. 핵심표현   149
2. 뉴스에 자주 등장하는 무기   159
3. 전쟁의 원인   162
4. 역사 속 주요 전쟁   164

VIII. 사설(editorials)

1. 핵심표현   167
2. 출처를 밝혀라   177
3. 뉴스에 어울리는 부사   179
4. 동사에 힘을 실어주는 부사   183
5. 신문에 자주 사용되는 라틴어구   185

IX. 경제 뉴스

1. 핵심표현   191

    2.바닥을 찍다 205

    3.천장을 뚫다 207

    4.'오르다', '내리다' 208

    5.주요 경제지표 210

    6.경제뉴스에 단골로 등장하는 기관 213

    7.원유, 석유, 휘발유… 215

X. 건강 뉴스

    1.핵심표현 219

    2.병명 232

    3.병원 진료과목 235

    4.의료종사자 명칭을 영어로 237

    5.한의학과 주요 용어 238

    6.뉴스에 단골로 등장하는 의학저널 240

XI. 사건 사고 뉴스

    1.핵심표현 243

    2.법집행과 친한 사람들 259

    3.세상의 모든 죄 260

    4.음주운전 근절 슬로건 263

XII. 날씨 뉴스

    1.핵심표현 267

    2.기상뉴스 단골 용어 및 표현 281

    3.10대 기상 경보와 주의보 282

    4.악천후 표현 284

XIII. 스포츠 뉴스

1.핵심표현	289
2.스포츠 응원 메시지	300
3.하계 올림픽 스포츠 종목 명칭	301
4.동계 올림픽 스포츠 종목 명칭	303
5.스포츠 경기장	304
6.다크호스와 뜻밖의 선물꾸러미	306
XIV. 뉴스 속 숙어 및 관용적 표현	**311**

| 머리말

    막 낳은 달걀을 손에 넣은 것처럼 오늘도 어김없이 이제 막 나온 '영자신문'을 사서 버스를 탔다. 내 코를 자극하는 인쇄 잉크 냄새는 몸에 해로운 화학물질이 풍기는 냄새였을 지 몰라도 나에게는 가슴을 설레게 만드는 선물이었다. 포장지가 찢어질까 봐 포장 끈의 고를 찾아 조심스레 풀어 열어젖히는 것처럼, 조심조심 신문을 펼쳐 들면 나타나는 영어로 만들어진 세상 소식이 참으로 행복했다. 어김없이 나타나는 처음 보는 단어와 표현 그리고 생전 처음 들어보는 지구 반대편 소식이나 전혀 관심 없는 정치 이야기 등도 영어라 꾹꾹 참아가며 읽고 또 읽었다.

    누구나 한때는 영어 실력이 국력이라고 생각한 적도 있었다. 영어만 잘해도 능력을 인정받던 시절도 있었다. 그래서 도서관에서 영어 신문이나 영어책을 펼쳐 놓고 공부하는 학생들이 정말 많았다. 이제는 영어를 대하는 방식이나 영어를 공부하는 방법도 다양해지고 수월해졌다. 아니 영어를 공부하기보다 영어와 가까이 지내다 보니 영어를 쉽게 익힐 수 있게 된 듯하다. 넷플릭스 등의 OTT를 통해 영어로 된 드라마, 영화를 보는 게 취미가 된 지는 이미 오래고, 유튜브와 인스타그램으로 간단하게 영어를 듣고, 보고 공부하는 학생들도 참으로 많다. 영어를 공부해야 하는 이유도 다양해지고, 공부할 수 있는 책과 자료도 풍부해진 지금은 오히려 풍요 속의 빈곤이라고 해야 할까? 아니면 영어를 대할 수 있는 책과 자료가 너무 풍부하다 보니 언제든지 하면 되고 마치 아무것도 안 했는데도 배가 부른 듯한 착각을 주는 걸까?

    '생생 시사영어'라는 책을 쓰겠다는 생각은 오래전에 시작되었다. 자료를 모으고, 정리하기만 하고 뭐부터 시작해야 할지 고민만 하다 그런 고민이 고통이 되어 나를 괴롭히기도 했다. 서점에서 새로 나온 시사영어 책들을 보면서 생각을 접을까 하는 생각도 많이 했다. 하지만 다행히 영자신문 냄새에 행복해 하던 추억을 떠올리며 다짐했다. 나를 행복하게 해주던 신문 속 세상, 뉴스 속 세상을 어렵지 않게 영어를 공부하고 싶어 하는 누구든지 이 책을 통해 내가 느꼈던 그런 행복과 설렘을 갖기를 기대하며 다시 컴퓨터 앞에 앉았다.

시사영어를 다룬 책이 참 많다. 시사의 특성상 조금만 지나도 시사가 아니라 옛날 고전같이 되어버리기 십상이다. 그래서 '생생 시사영어'는 큰 주제별로 영원 불멸할 것 같은 아이템만을 골라냈다. 각 주제별로 언제 살펴봐도 항상 등장하는 어휘, 표현, 개념 등을 다뤘다. 책은 아무 곳이나 펼쳐서 읽어도 괜찮을 만큼 독립적이면서도 연결되어 있다. 그런 점이 다른 시사영어와 다른 점이다. 무엇보다 영어를 공부하는 책이지만, 학습의 효과와 기억에 도움을 주기 위해 핵심 표현은 한글-영어 순서로 배열했다. 한글을 읽으며 주제와 연관성도 생각해보고, 해당 글의 영어 표현을 떠올리며 제시한 영어표현을 공부하면 훨씬 효과적으로 공부할 수 있다. 동시에 가능하면 한글 표현 하나에 영어 표현은 3가지 이상이 되도록 정리하려고 노력했다. 우리말보다 영어 응용력과 표현을 탄력적으로 기억할 수 있도록 하기 위해서다.

뉴스는 생동감 넘치는 변화무쌍한 우리들이 사는 세상 이야기이다. 종이로 된 신문이 아니지만 종이 신문에서 묻어나는 생생한 잉크 냄새로 하루를 열던 느낌으로 한 페이지 한 페이지 읽기 바란다. 세상의 다양한 소식을 우리말과 영어로 동시에 접하고 이해할 수 있다면 여러분에게 세상을 읽고 이해할 수 있는 또 하나의 창문이 열릴 것이라 믿는다. 신문이 그리고 그 속의 뉴스가 나에게 날마다 받는 선물 상자였듯이 부족하지만 '생생 시사영어'가 여러분에게 선물로 남기를 바란다.

박명수

I. 뉴스(news)

뉴스와 이야기
뉴스의 가치
뉴스의 종류
뉴스 기사의 구성

1. 뉴스와 이야기

우리 인간은 끝없이 이야기를 만들고 들으며 생존해왔다. 이야기를 통해 우리 인류는 진화해왔고, 지금의 지구도 이야기 속에서 돌고 도는 중이다. 한 민족과 국가의 시작도 이야기이고, 집안의 선조에 대한 이해도 모두 이야기를 통해 전달되어 이어진다. 이야기가 없으면 우리 인류는 살아 남을 수 없다고 해도 과언이 아니다. 고대시대에 접할 수 있는 소식의 대부분은 세상을 유랑하며 다른 사람들과 어울리며 얻어 들은 이야기를 기억하고 기록하고 전달하던 음유시인들의 몫이었다.

언론이 탄생한 이후 감사하게도 우리는 신문의 뉴스 기사를 통해 다양한 소식과 정보를 접하게 된다. 뉴스도 우리 인류가 좋아하는 수많은 이야기 중 하나이다. 다만 '제한된 지면'이라는 한계를 극복하려면 어쩔 수 없이 일정한 틀과 형식과 양을 정해서 따를 수밖에 없다. 먼저 제한된 지면에 실릴 수 있는 뉴스를 고르기 위해 일정한 요건을 갖춰야 한다. 가치(value)면에서 흔히 뉴스의 요건을 살펴보자. 다양한 연구자들과 언론인들은 가장 대표적이고 널리 알려진 Gatlung and Ruge(1973)과 Shoemaker et al. (1987)의 연구 내용을 바탕으로 한 다음의 요건을 우선시 하고 있다.

2. 뉴스의 가치

1) **적시성(timeliness)**: 최신 정보와 소식을 전달한다. 속도가 생명인 뉴스에서 시간상으로 최적의 타이밍은 그냥 최근이 아니라 가장 최근 소식에 가치가 부여될 수밖에 없다.
2) **근접성(proximity)**: 지구 반대편 소식보다 독자가 속한 지역의 소식을 전달한다. 인터넷 등의 과학기술 발전으로 전혀 상관없는 듯한 지구 반대편 소식을 접하는 세상이 되어, 과거에 비해 불필요한 소식도 접하고 있다. 그러

나 여전히 뉴스는 지리적으로 독자가 속한 지역 소식이 우선되어야 한다.

3) **중요성(prominence/consequence)**: 보통 사람들의 이야기가 아니라 특별한 누군가의 이야기를 사람들은 원한다. 연예인, 정치인 등의 소위 celebrity의 사생활을 즐기는 건 훔쳐보는 인간의 본성 때문일지 모른다. 또한 누군가에게 집어 던진 신발은 뉴스거리가 아니지만, 대통령을 향해 누군가 신발을 던진다면 뉴스가 되는 것을 'elite people'와 'elite countries'에 대한 소식이 우선하는 뉴스의 생리이다(Gatlung & Ruge, 1973).

4) **독창성(uniqueness/oddity)**: 뉴스는 신선함이 생명이지만, 시간상 신선함뿐 아니라 내용 면에서 독자의 눈과 귀를 사로잡을 수 있는 독창적인 이야기를 선호한다. 그러다 보니 "개가 사람을 물었다"라는 소식보다 "사람이 개를 물었다"라는 소식이 선호될 수밖에 없다.

5) **영향력(impact)**: 뉴스의 파급력은 뉴스의 영향을 받는 사람들의 숫자에 따르기 마련이다. 소수보다 다수에게 영향을 주는 이야기를 누구나 원한다.

6) **갈등(conflict)**: 가치보다 흥미를 탐닉하는 건 요즘 현대인만이 아니다. 신문이 등장하고 경쟁적으로 신문을 팔고 싶어했던 이들은 더 자극적이고 독특한 이야기를 찾아다니고 끔찍하고 충격적인 제목의 기사를 전달했다. "If it bleeds, it leads."라는 말이 씁쓸하지만 불편한 진실이라 생각된다. Gatlung and Ruge(1973)가 주장한 'negativity'나 Shoemaker et al.(1987)의 'controversy'도 좋은 소식보다 달갑지 않은 소식을 담은 소식이 우선된다는 동일한 맥락의 주장이다.

3. 뉴스의 종류

뉴스는 전달되는 이야기와 정보의 성격에 맞춰 다양한 형식을 취한다. 가장 일반적으로 떠올리는 뉴스에 해당하는 사실만을 요약해 전달하느냐, 현상,

사건 등을 심층 분석한 이야기이냐, 특정 주제에 대한 주관적인 주장을 펴느냐 등에 따라 뉴스 종류도 다양하다. 흔히 신문, 방송의 기사 유형은 스트레이트, 해설, 스케치, 기획, 리포트, 가십, 인터뷰, 속보, 논평, 기타 등으로 분류할 수 있다.[1]

1) Hard News (Straight News)

팩트만을 전달하는 뉴스이다. 사건, 사고 등의 소식을 아무런 가감 없이 있는 그대로 전달하기 때문에 straight 기사라고 부르기도 한다. 신문의 대부분은 이에 해당한다. '하드 뉴스'와 상반되는 개념으로 '소프트 뉴스(soft news)'는 사건, 사고, 정치 등의 딱딱한 내용이 아니라 문화, 연예, 라이프스타일, 감동이 넘치는 휴먼스토리 등을 문자 그대로 부드러운 내용을 부드럽게 다룬다.

2) Report

뉴스 기사 중 '르뽀'라고 불리는 장르가 있는데, 이는 프랑스어 '탐방, 보도, 보고' 등의 의미를 가진 '르포르타주(reportage)'를 줄인 말이다. 대부분의 뉴스 기사가 팩트만을 전달하는 '스트레이트'라고 앞에서 언급했는데, '르뽀'라고 부르는 뉴스는 팩트만을 전달한다는 면에서는 동일하지만, 5W1H 중심으로 두괄식 형태를 고집하는 스트레이트와 달리 미괄식의 형태를 취하기도 하며 중편 또는 장편 기사로 지면을 많이 할애하게 된다. 흔히 신문, 잡지, 방송에서 '르뽀'라고 할 때는 '현장감'을 강조한 '현장 보고' 또는 '취재기'[2]를 의미한다.

3) Feature Articles

특정 사건, 주제 등을 다루는 특집 기사이다. 예를 들어 '패스트푸드'에 대해 심층 보도하는 뉴스 기사라면, 글의 길이도 길고, 내용도 깊이있는 객관적인 정보를 담아내야 한다. 앞서 스트레이트 기사와 비교해 feature story의 특징을 간략하게 살펴보자. 먼저 feature story는 주제와 보도 내용이 반드시 최신 사건에 국한되지 않는다. 오히려 상시 주제와 관심이 될만한 내용을 담아내는 것이 일반적이다. 내용의 전개방식에 있어서 역피라미드 방식을 취하지 않고, 이야기를 풀어내듯 자유롭게 서술하는 편이다. 사설처럼 글을 쓰는 이의 개인적 의견을 담아내거나 강조하지는 않지만 스트레이트 기사보다는 주관적인 판단이 포함될 여지가 있다.

4) Opinion/ Editorials

줄여서 'Op-Ed'라고 사건, 사고, 현안 등을 주관적 시각으로 풀어내며 개인적 의견과 판단을 강조하는 형식의 글이다. 따라서 현장성이나 시의 적절성보다는 입장을 드러내는 성격이 강한 글이라 할 수 있다. 대체로 언론사의 입장과 성격을 고스란히 담아낸다고 볼 수 있다. 일반적으로 뉴스 기사는 사건, 사고 등의 소식과 정보를 알리는데 중점을 두지만, 개인이나 언론사의 입장을 표명하는 논설, 사설은 주장을 펴고 독자를 설득하는데 주력한다고 볼 수 있다.

"Major Earthquake Strikes Pacific Ring of Fire - Tsunami Warning Issued"

5) Breaking news

속보, 긴급 속보를 하지 않을 수 없는 긴박한 사건, 사고 등을 다룬다. 신문 등을 통한 속보는 인쇄라는 과정을 거쳐야 하기에 유튜브, 방송사 등 보다 속도면에서 뒤쳐질 수 밖에 없다. 신문의 경우 긴급 속보를 전달해야 하는 경우 우리말로 '호외'라는 표현에 해당하는 'Special Edition'을 별도로 인쇄해서 긴박한 내용을 전달하기도 한다.

뉴스로 다양한 정보를 빠르게 접할 수 있어 좋기는 하지만 웬만하면 긴급 속보와 같이 가슴을 출렁이게 만드는 일은 없는 게 좋지 않을까 한다.

4. 뉴스 기사의 구성

앞서 살펴본 뉴스 종류에 따라 조금씩 이야기를 전개하는 방식이 다르기는 하지만, 가장 일반적인 뉴스 기사의 구성에 대해 살펴보자. 신문에 실릴 수 있는 뉴스는 제한적이어서 전통적으로 편집권을 가진 편집장의 판단에 따를 수밖에 없다. 그래서 뉴스가 실릴지 실리더라도 어느 정도의 양이 실릴지도 모르는 상황에 처하면 도마뱀 꼬리 자르듯 아무 데서나 잘라내어도 이야기의 기본 구성이 갖춰져 있어야 한다.

1) 역피라미드(Inverted Pyramid) 구성

신문에 실리는 뉴스는 대체로 '역피라미드(inverted pyramid)'라는 두괄식 형태의 구성으로 작성된다. 전체를 읽지 않고 앞부분만 읽어도 뉴스의 핵심을 파악할 수 있고, 보다 많은 기사를 실을 수 있도록 지면을 최대한 활용한다는 면에서 역피라미드 방식이 일반적으로 많이 사용된다. 아래 그림은 'inverted pyramid' 형식으로 된 뉴스를 간략하게 도식화 한 것이다.

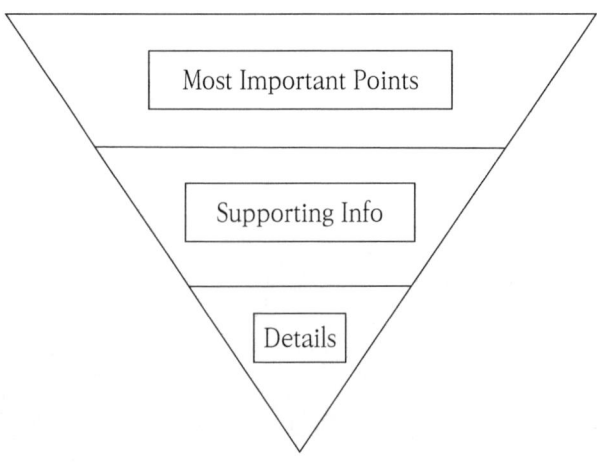

위의 그림처럼 역피라미드 형식으로 뉴스를 구성하면 효과적으로 내용을 전달하고, 빠르게 읽어낼 수 있다는 장점이 있다. 이런 구성을 위해서 가장 중요한 내용을 먼저 간략하게 제시한다. 달리 표현하자면 'summary, first; explanation, later'라고 하기도 한다. 그럼 각 부분을 살펴보자.

2) 뉴스 기사 구성 요소

앞서 설명한 역피라미드 구성으로 뉴스를 구성하는 것이 전체적인 이야기 전개 방식이다. 아래는 그런 전개 방식으로 틀에 따라 작성하는 뉴스 이야기의 각 요소를 살펴보자. 뉴스 기사의 각 구성 요소를 정리하면 다음과 같이 6가지로 나눌 수 있다.

① 제목(headline)

뉴스의 제목이다. 헤드라인은 '촌철살인'의 느낌으로 간략하면서도 확실하게 독자의 관심을 끌 수 있어야 한다. 그래서 문장이 아니라 핵심 중의 핵심만을 추리고 선별해야 한다. '누가(who), 언제(when), 어디서(where), 무엇을(what), 어떻게(how), 왜(why)'라는 소위 '5W1H'가 이야기의 핵심이지만, 헤드라인에는 6가지 요소를 모두 담을 수 없다. 이 중에서도 핵심이라 할 수 있는 '누가(who)' '무엇을(what)'을 담아내는 경우가 일반적이다. 영어 뉴스기사에서 헤드라인은 영어를 외국어로 배우고 사용하는 제2언어학습자들에게 조금 낯설고 문법적으로 파괴된 형식을 갖는다. 그러한 헤드라인의 언어적, 문법적 특징은 아래에서 자세하게 다룬다.

② 필자(byline)

뉴스 기사를 작성한 필자, 즉 기자 또는 글쓴이에 대한 정보를 담는 부분이다. 기사를 작성한 이름을 쓴다는 의미는 '이름을 걸고 진실을 쓴다'라는 의미라 할 수 있다. 그만큼 기사 내용에 책임을 지고, 투명하고 진실만을 전달하겠다는 의지의 표명이라 할 수 있다.

③ 전문(lead; lede)

뉴스 기사의 첫 문단으로 가장 중요한 내용을 요약하는 부분에 해당한다. 제목을 문장으로 확장해 놓았다고 볼 수 있을만큼 이야기의 핵심을 5W1H 형식으로 구성하는 경우가 많다.

④ 날짜(dateline) 또는 장소(placeline)

소식의 현장이 어디인지를 밝히거나, 뉴스 작성을 위한 핵심 정보를 얻어 작성한 곳이 어디인지를 밝히는 부분이다. 경우에 따라 해당 소식이 발생한 날짜를 기록하기도 한다. 모든 신문기사에 데이트라인이 들어가지는 않고 대신에 필자(byline)에 위치 정보를 포함시키기도 한다. 이는 뉴스 기사의 맥락을 이해하는데 도움을 주어 해당 뉴스가 어디에서 벌어진 내용을 담고 있는지를 보다 명확히 하기 위해서다.

⑤ 본문(body)

뉴스 기사의 구체적인 내용을 서술하는 부분으로 리드 내용을 보다 상세하고 구체적으로 기록한다. 문단별로 내용을 구성하는데 전체적으로 중요한 내용을 앞으로 구성하는 '역피라미드' 형식을 취한다.

⑥ 사진과 캡션(caption)

'백자가 불여일견' 백 개의 글자보다 한 장의 사진이 더 효과적일 수 있고 요즘처럼 사진 촬영과 활용이 손쉬운 세상에는 뉴스 기사에 어울리고 내용 전달에 효과적인 사진을 활용하는 경우가 늘고 있다. 그런 사진 바로 하단에, 사진에 대한 설명이 포함되는데 이를 '캡션(caption)'이라 부른다. 캡션을 작성할 때는 사진과 그 설명글만으로 충분히 이해될 수 있도록 작성하는 것이 기본 요령이다. 아래는 이와 관련해 캡션을 작성하는 방법이다.

- Do not begin with the words a, an or the.
- Use present tense to describe action in a photo.
- Give readers information they cannot get from just looking at a photo.
- A caption should complete the photo. The reader should not have to look at the story but should want to look at the story.
- Write captions so they go from specific to general or general to specific.
- Do not begin a caption with names.
- Captions should not repeat information contained in the lead.
- Name people only if they are important to the picture.[3]

▶Headline:
Fast Food Frenzy: The Hidden Dangers Lurking Behind the Drive-Thru Window [4]

▶Subhead:

Indulging in Convenience Comes at a Cost - The Alarming Health Hazards of Fast Food

▶Lead:

In an era of convenience and hectic lifestyles, fast food has become a staple for many, offering quick and easy meals on the go. However, a closer look reveals a dark side to this seemingly harmless indulgence, as health experts sound the alarm on the perilous consequences of a fast food-heavy diet.

▶Byline:

By Sarah Reynolds, Health Correspondent

▶Placeline:

New York, NY

▶Dateline:

Jan. 20, 2024

▶Body:

NEW YORK, NY - In an era of convenience and hectic lifestyles, fast food has become a staple for many, offering quick and easy meals on the go. However, a closer look reveals a dark side to this seemingly harmless indulgence, as health experts sound the alarm on the perilous consequences of a fast food-heavy diet.

With enticing advertisements and the promise of instant gratification, fast food chains have ingrained themselves into the daily routines of millions. However, the convenience that these establishments offer often comes at a steep price - the long-term health of their patrons.

II. 헤드라인(headline)

헤드라인의 언어적 특징
역사적 과거 Historic Present
헤드라인에 사용하는 기타 문장부호

1. 헤드라인의 언어적 특징

헤드라인은 뉴스 기사의 제목이자 얼굴이다. 가장 대표성 있는 핵심 내용을 담아내려면 큰 노력이 필요하다. 영어 원어민들도 뉴스 기사의 헤드라인을 만들어 내기가 쉽지 않다. 우리 한글로 된 기사의 헤드라인을 한글로 잡는 것도 결코 쉽지 않은 것과 마찬가지이다. 앞서 설명했듯이 헤드라인은 핵심 내용을 최대한 줄이고 다듬어 한 줄로 담아 독자의 관심을 불러일으킬 수 있어야 한다. 그렇기 때문에 일반적인 영어에 적용되는 기본적인 문법에서 벗어난 헤드라인만의 특징을 갖는다. 이를 한 단어로 'headlinese'라고 부르기도 한다.

> What is Headlinese?[5]
> Why Headlines Are Almost Never Sentences
> Headlines are found in newspapers, magazines, journal articles, and online publications. They are meant to succinctly convey the contents of a story in a way that makes readers want to "dig in for more," as the Associated Press describes the term.

영자신문 헤드라인은 원어민이 보기에도 일반 글과 다른 어휘 사용, 문법에 어긋나 보이는 요소 등으로 인해 자연스럽지 못하다는 지적이 있기도 하지만 우리나라 일간지의 헤드라인 역시 별반 다르지 않다. 실제 우리는 그렇게 말하지 않지만, 그런 헤드라인을 읽고 이해할 수 있으면 된다. 헤드라인의 언어적 특징을 살펴보기에 앞서, 헤드라인에 가장 독특한 요소 중 하나인 동사의 시제를 설명한다. 시제는 간단히, 과거, 현재, 미래 이렇게 3가지인데 헤드라인에는 그 중에서 단연코 현재시제가 압도적으로 많이 사용된다.

Headlines	Tense	No.	%
Clausal (762)			
Single clause (647)	Present tense	428	51.1
	Past tense	30	3.6
	Present perfect tense	8	1.0
	Will-future	9	1.1
	Other	10	1.2
	Ellipted	162	19.3
Complex sentence (115)	Clause + clause	80	9.5
	Nominal/ellipted + clause	35	4.2
Nominal (75)	Nominal	75	9.0
Total		837	100.0

표 1 헤드라인의 동사 시제 비율[6]

Tense in clause unit	No.	%
Present tense	143	60.9
Past tense	29	12.3
Present perfect tense	3	1.3
Will-future	6	2.6
Other	19	8.4
Ellipted	25	10.6
Nominal	10	4.2
Total	235	100.0

표 2 복문 헤드라인의 동사시제 비율[7]

위의 표에서 알 수 있듯이, 헤드라인에 사용하는 시제는 과거나, 미래 보다 현재를 압도적으로 많이 사용한다. 뉴스의 생명이 신속하고 정확한 진실이라는 점을 생각해볼 때 어떤 사건, 사고가 벌어진 이후에 보도하는 뉴스는 과거의 일을 전하지만, 생생하게 마치 지금 독자의 눈 앞에서 벌어지고 있는 것처럼 보이기 위해 현재 시제를 사용한다. 과거 시제를 사용하면 뉴스의 생명력을 잃기 때문일 것이다.

영어 뉴스 헤드라인의 언어적 특징은 아래와 같이 정리할 수 있다. 순서대로 하나씩 살펴본다.

1. 현재시제는 과거를 의미한다
2. 진행형 ~ing는 진행 중을 의미한다
3. 과거시제는 수동태를 의미한다
4. 조동사는 생략한다
5. to 부정사는 미래를 의미한다
6. 관사는 생략한다
7. 접속사는 콤마로 대신한다
8. 수도(capital)는 그 나라의 중앙 정부를 의미한다
9. 숫자는 아라비아 숫자로 표기한다
10. 홑따옴표를 사용한다

1) 현재시제는 과거를 의미한다

아래 헤드라인은 모두 현재 시제를 사용해 뉴스 기사의 생동감을 표현하고 있다. 이미 벌어진 과거의 일이지만, 마치 지금 눈 앞에서 벌어지고 있는 것 같은 느낌을 주기 위한 선택이다. 신문이 보통 매일 나온다는 일간지라는 점을 생각한다면 과거의 일이라고 해도 대체로 하루 전의 사건, 사고 등을 다루는 경우가 일반적이다.

S. Korea **unveils** ambitious plan for green energy revolution

위 헤드라인에서 동사 'unveil'은 현재시제이지만 원대한 계획을 발표했다는 과거의 사실을 생생하게 전달한다는 느낌으로 현재형으로 표현한 것이다.

다음의 각 헤드라인을 읽고 의미를 생각해보자.
Study **reveals** alarming sodium levels in popular fast-food items

McDonald's **embraces** plant-based options amid growing demand

Renowned chef **launches** health fast-food downtown

Electric vehicles **surge** in popularity in Korea

EV charging infrastructure **expands** across nation

▶▶▶▶▶ 영어 뉴스 기사에서 위와 같은 예시 찾아보기

신문, 잡지 등의 영어 기사의 헤드라인을 찾아 아래에 쓰고, 해당 부분에 밑줄을 긋고 설명하시오.

2) 진행형 ~ing는 진행 중을 의미한다

보도하는 사건, 사고의 내용이 현재도 진행 중이라는 점을 강조할 때는 동사의 시제를 진행형으로 표현한다. 독자가 뉴스를 읽고 있는 시점에도 계속 이어지고 있다는 점을 강조하는 것이다.

> Protesters **demanding** immediate action on climate change

위 헤드라인에서 동사부분에 'demanding'이라는 진행형은 지금 현재도 '요구하는 중~'이라는 느낌을 강조한 것이다. 헤드라인에서 '조동사(auxiliary verbs: be, have, do)는 생략한다는 점도 잊지 말아야 한다.

다음의 각 헤드라인을 읽고 의미를 생각해보자.
Yellow dust impact **growing** in spring

Hurricanes **threatening** coastal regions, evacuations underway

Fitness trends **sweeping** the nation

Researchers **investigating** breakthroughs in EV battery tech

Snowfall **blanketing** northeast, disrupting travel plans

▶▶▶▶ 영어 뉴스 기사에서 위와 같은 예시 찾아보기

신문, 잡지 등의 영어 기사의 헤드라인을 찾아 아래에 쓰고, 해당 부분에 밑줄을 긋고 설명하시오.

3) 과거시제는 수동태를 의미한다

헤드라인 형식 중에서 동사가 과거로 되어 있는 경우는 문법적으로는 틀린 문장이지만 헤드라인에서는 수동태를 나타낸다. 즉 동사 앞에 어울리는 be 동사를 삽입하면 문법적으로 옳은 문장으로 만들 수 있다.

> Citizens **urged** to take precautions amid rising health concerns

위의 문장은 '~을/를 ~하라고 촉구하다'라는 의미의 동사 urge가 과거 형태로 들어 있다. 'urge A to B'의 형식으로 많이 사용한다. 즉 'A에게 B하라고 촉구하다'라는 의미이다. 위 문장에서 주어 citizens는 촉구의 주체가 아니라 ~하라는 촉구를 받는 대상에 해당한다. 왜냐하면 헤드라인의 urged 앞에 be 동사 'are/were'가 생략되어 있기 때문이다.

다음의 각 헤드라인을 읽고 의미를 생각해보자.

Infrastructure upgrades **planned** to enhance public transportation

5,000 workers **laid off** by banks

Delivery service **hit hard** by recession

The U.S. healthcare system **criticized** for disparities in access

Heavy snows **expected** nationwide until Fri

▶▶▶▶▶ 영어 뉴스 기사에서 위와 같은 예시 찾아보기

신문, 잡지 등의 영어 기사의 헤드라인을 찾아 아래에 쓰고, 해당 부분에 밑줄을 긋고 설명하시오.

4) 조동사는 생략한다

헤드라인은 최대한 간결하게 구성하는 걸 원칙으로 하기 때문에 조동사 처럼 문자 그대로 동사를 돕는 역할을 하는 요소는 생략하게 된다. 여기서 조동사(auxiliary verb)에는 be동사, 현재완료의 have/has 등이 포함된다. 예를 들어 아래 문장을 살펴보자.

> Government **unveils** plan to tackle climate change

위의 헤드라인의 경우 동사 'unveil'이 현재로 사용되었는데 앞에서 살펴 보았듯이 과거의 의미를 담고 있다. 즉 '계획을 발표했다'는 의미로, 'has unveiled' 또는 'unveiled'를 헤드라인으로 만들었다고 볼 수 있다. 여기서 조동사 has는 당연히 생략하고 과거를 현재로 만드는 헤드라인의 원칙으로 완성된 형태로 보면 된다.

다음의 각 헤드라인을 읽고 의미를 생각해보자.

Researchers **discover** new species in rainforest

Netflix **launches** 1st movie theater in Korea

Firefighters **honored** for heroic actions in blaze

South Korea **launching** new green energy initiative

An old man **sent** to hospital following tragic accident in local park

▶▶▶▶▶ 영어 뉴스 기사에서 위와 같은 예시 찾아보기

신문, 잡지 등의 영어 기사의 헤드라인을 찾아 아래에 쓰고, 해당 부분에 밑줄을 긋고 설명하시오.

5) to 부정사는 미래를 의미한다

　헤드라인에 사용된 to 부정사는 미래의 일을 의미한다. 이런 헤드라인은 주어 + 동사의 형태로 이뤄진 완벽한 문장의 형태가 아니어서 문법적으로 미완성이 상태처럼 보이지만, 헤드라인에서만 볼 수 있는 독특한 형식이다. 아래 예문을 살펴보자.

> ### SMU **to move** to new campus in Australia

'to move'라는 부정사는 이전, 이사할 계획이라는 미래의 일을 의미한다. 미래의 의미를 담은 문장으로 쓰려면 SMU is going to move to its new campus in Australia로 나타내면 된다.

다음의 각 헤드라인을 읽고 의미를 생각해보자.

Global leaders **to gather** for climate change summit

Government **to raise** subway fare by 20%

S.Korea **to host** Earth Detox summit in Oct

Google **to initiate** new privacy measures for user data protection

Police **to toughen** crackdown on drunk driving offenses

▶▶▶▶▶ 영어 뉴스 기사에서 위와 같은 예시 찾아보기

신문, 잡지 등의 영어 기사의 헤드라인을 찾아 아래에 쓰고, 해당 부분에 밑줄을 긋고 설명하시오.

Quiz #1

아래 헤드라인을 읽고, 우리말로 해석하고 설명하시오.

- New minimum wage set at 9,860 won

- New trade agreements being discussed among G7 nations

- Google's profit down 40% amid increased competition

- Scientists investigating new method for diabetes prevention

- Up to 20 cm of snow forecast for Seoul

- Netflix to unveil 2nd season of Squid Game next year

6) 관사는 생략한다

관사 a, an, the 는 헤드라인에서 생략한다. 제한된 지면을 고려하고, 가독성을 높이기 위한 방안이다.[8] 한국어에서 관사는 큰 역할이 없고 단수와 복수를 구분해서 사용하지 않는 우리 한국어 입장에서 보면 영어 관사는 익히기 참 어려운 존재이기도 하다. 다행히도 관사는 헤드라인에 빠져 있어도 내용을 이해하는데 문제되지 않는다.

> Legendary musician releases highly anticipated album

위 헤드라인에서 무엇이 생략되었을까? The legendary musician released the highly anticipated album. 셀 수 있는 명사인가? 보통 명사가 아니라면 구체적으로 지칭한 명사인가? 여부에 따라 a, an, the를 사용하는 것이 맞다. 하지만 헤드라인은 이런 요소를 모두 생략한다.

다음의 각 헤드라인을 읽고 의미를 생각해보자.
Space station hit by technical glitch

Jeju tourist finds rare diamond

Japan criticized over handling of nuclear waste disposal policies

Government considers overhaul of education system

Local auto race hits bump in the road

▶▶▶▶▶ 영어 뉴스 기사에서 위와 같은 예시 찾아보기

신문, 잡지 등의 영어 기사의 헤드라인을 찾아 아래에 쓰고, 해당 부분에 밑줄을 긋고 설명하시오.

7) 접속사는 콤마로 대신한다

지금까지 살펴보았듯이 헤드라인은 'Less is better'라는 말에 어울리게 의미 전달과 최소한의 지면활용이라는 경제성을 원칙으로 삼는다. 접속사는 헤드라인에 많이 사용되지 않지만, 그 중에서 'and'는 그래도 사용이 적지 않다. 접속사 and는 콤마(,)로 대신한다.

> **U.S.,** China argue over escalating trade disputes

무역 분쟁으로 늘 으르렁대는 '미국과 중국' 영어로 접속사를 넣어서 U.S. and China로 쓰는 게 맞지만 헤드라인에서 'U.S., China'로 콤마를 사용했다.

다음의 각 헤드라인을 읽고 의미를 생각해보자.

Apple, VW to collaborate on new electric vehicle project

Professors, students protest tuition hikes

Stock market soars, economy shows signs of recovery

S. Korea, Japan open new chapter in bilateral trade relations

Environmental project fosters peace, harmony with nature

▶▶▶▶▶ 영어 뉴스 기사에서 위와 같은 예시 찾아보기

신문, 잡지 등의 영어 기사의 헤드라인을 찾아 아래에 쓰고, 해당 부분에 밑줄을 긋고 설명하시오.

8) 수도(capital)는 중앙 정부를 의미한다

영어는 반복을 싫어해 대명사도 많이 사용하고, 글에서 같은 명사를 반복할 때 어김없이 다른 명칭을 사용하는 경우가 많다. 그런 이유에서 한 국가의 수도로 해당 국가의 중앙 정부, 국가 등을 표현한다. 우리 한국 언론에서도 미국이나 미국 정부를 지칭하는 의미로 '워싱턴'을 사용하기도 한다.

<u>Washington</u> resumes trade talks with key economic partners

위 헤드라인에서 Washington은 미국 수도 워싱턴에 있는 미국 정부를 의미한다. 수도(capital)로 정부를 대신 표현하려면 잘 알려진 국가들 위주로 할 수 밖에 없다. 안 그러면 국가와 수도 이름 맞추기 같은 수수께끼같이 되어 버린다.

다음의 각 헤드라인을 읽고 의미를 생각해보자.

<u>Tokyo, Seoul</u> resumes summit talks for bilateral collaboration

<u>Rome</u> adopts stricter environmental policies against air pollution

<u>Beijing</u> to hold trilateral talks on N. Korea's nuclear weapons

<u>Paris</u> unveils cutting-edge facilities for Olympics

<u>Pyongyang</u> open dialogue channels for diplomatic discussions

▶▶▶▶▶ 영어 뉴스 기사에서 위와 같은 예시 찾아보기

신문, 잡지 등의 영어 기사의 헤드라인을 찾아 아래에 쓰고, 해당 부분에 밑줄을 긋고 설명하시오.

9) 숫자는 아라비아 숫자로 표기한다

숫자는 독자들을 기대하게 만들고, 내용을 명확하게 파악하는데도 도움이 된다. 헤드라인에서는 숫자를 알파벳이 아닌, 아라비아 숫자로 표기한다. 당연히 지면을 경제적으로 활용하기 위함이다. "Fifteeen"이나 "Seven"이라고 쓰고 읽는 것보다 "15"와 "7"로 쓰고 읽는 게 훨씬 편리하다. 헤드라인에서 million은 M, billion은 B로 표기한다.

> At least **35** killed in separate road crashes downtown

최소 35명이 교통사고로 사망했다는 헤드라인에서 'thirty five' 대신에 숫자로 35로 표기해 가독성도 높이고, 정보 전달면에서 효율적이다.

다음의 각 헤드라인을 읽고 의미를 생각해보자.

7 students awarded scholarships for academic excellence

$5M lawsuit filed over alleged product defects

10 reasons to invest in electric vehicles

8 out of 10 stop engaging in traditional shopping

Over 1000 companies closed for COVID-19

▶▶▶▶▶ 영어 뉴스 기사에서 위와 같은 예시 찾아보기

신문, 잡지 등의 영어 기사의 헤드라인을 찾아 아래에 쓰고, 해당 부분에 밑줄을 긋고 설명하시오.

10) 홑따옴표를 주로 사용한다

헤드라인에 따옴표는 자주 사용되지 않지만, 특정 단어나 구를 강조하거나 영화, 책 등의 제목을 표시할 때 홑따옴표(single quotation mark)를 사용한다. 겹따옴표는 거의 사용하지 않는다. 다른 사람의 말을 그대로 직접 인용하는 경우는 겹따옴표를 쓸 수 있지만 헤드라인에 직접인용을 그대로 사용하는 경우는 드물고 권장되지 않는다.

> City launches 'Safety First' campaign for public spaces

위 헤드라인에서 Safety First는 글을 쓴 기자의 강조 의도가 들어간 것이다. 홑따옴표는 사용하지 않을 수도 있다는 의미이다. 다만 독자의 입장에서 써라 마라 그렇게 권할 수 없고, 의도를 파악하고 이해하기만 하면 충분하다.

다음의 각 헤드라인을 읽고 의미를 생각해보자.

Experts warn of 'second wave' as COVID-19 cases surge

Mayor announces 'zero tolerance' policy on graffiti vandalism

Protesters demand 'justice for all' in nationwide demonstration

K-drama festival highlights 'diversity and inclusion' in society

Disney's 'Wish' ranks top at local box office

▶▶▶▶▶ 영어 뉴스 기사에서 위와 같은 예시 찾아보기

신문, 잡지 등의 영어 기사의 헤드라인을 찾아 아래에 쓰고, 해당 부분에 밑줄을 긋고 설명하시오.

2. 역사적 과거(Historic Present)

Headlines are written in the historical present tense. That means they are written in present tense but describe events that just happened.[9]

= dramatic present = narrative present

매일 나오는 일간지의 헤드라인에서 과거를 현재로 표현하는 것은 하루, 이틀 정도의 과거니까 현재로 표현해도 어느 정도 납득이 되지만, 10년 전 심지어 50년 전 사건은 어떨까? 헤드라인에는 오래된 과거도 현재로 표현할까? 이런 궁금증이 당연히 들 수 있다. 아래 헤드라인을 보자

    a) Attendance Improved Last Year, Report Says.
    b) Freddie Starr: I have never touched an underage girl[10]
    c) World War II ended with allied victory

먼저 예문 a)는 보고서의 내용을 그대로 전달한다는 관점에서 작년에 출석율이 좋아졌다는 사실을 이미 일년 전 과거이고 신문에서 이런 정도의 과거 사실을 현재로 표현하기에는 무리가 있다. 이런 경우 정보의 출처를 밝히며 과거로 사용하면 자연스럽게 최신 보고서의 내용을 생동감 있게 전한다는 느낌을 줄 수 있다. 예문 b)는 Freddie Starr라는 인물이 한 말을 그대로 전달한 것으로 화자의 발언 시제 그대로 표현할 수 있다. 예문 c)는 역사적 사실에 해당하는 것으로, 오래된 사건, 사고, 진실 등을 헤드라인으로 쓸 때는 과거형을 사용한다.

3. 헤드라인에 사용하는 기타 문장부호

1) 콜론(:)

a) '~ 라고 말하다'의 의미로 콜론을 사용한다.

　　Citizens eager to hold polls in October: Mayor

b) 서로 비교, 대립되는 내용을 표시할 때 사용한다.

　　Citizens favors early polls: councilors against it

2) 세미콜론(;)

　두 개의 독립된 절을 헤드라인에 사용할 때 세미콜론을 사용한다.
위의 b)와 비슷한 목적으로 사용한다고 보면 된다.

South Africa bomb kills 9; voters growing anxious[11]

Technology advancements thrive; cybersecurity threats on the rise

3) 느낌표(!)

　헤드라인에 느낌표는 거의 금기시 된다고 해도 무방할 정도로 드물다. 요즘 세대에게 너무 친숙한 다양한 문장부호 특히 느낌표는 강조의 의미로 한 개도 아니고 열 개씩 마구 사용하지만, 헤드라인에서는 좀처럼 등장하지 않는다. 다만 영국의 사회언어학자인 David Crystal(2003)은 'the abbreviated exclamation with its punchy style, is highly favored in dramatic newspaper headline.'라고 주장했다. 즉 신문 헤드라인에서 아주 효과적으로 사용할 수 있다는 의미이다. 언어는 변화하기 마련이니 지금은 낯설지만 앞으로 또 당연하게 여겨질 수 있을지 모른다. 아래는 그러한 몇 가지 사례이다.

a) Fifty-eight, fifty-nine, sixty![12]
b) Scorecard | Louis Vuitton wins![13]
c) Spiderman scared of heights![14]

예문 a)는 담배의 유혹을 뿌리치기 위해 60초를 세면 된다는 내용을 담은 New York Time에 실린 오피니언 글의 제목이다. Opinion 기사였기 때문에 더군다나 기존의 헤드라인 원칙에서 벗어날 수 있었을 것으로 판단된다. 담배를 안 피우려고 1분동안 유혹을 참아내려고 '마침내 60'초가 되었다는 느낌을 고스란히 전달할 수 있는 헤드라인이다. 예문 b)는 패션쇼에 등장한 남성복 특히 루이 비통의 새로운 지적 트렌드를 소개한 기사의 제목이다. 루이 비통 승! 이라는 느낌을 주는 헤드라인이다. 예문 c)는 예상밖의 반전이나 너무나 아이러니한 내용의 헤드라인에 사용하는 느낌표에 해당한다. 거미줄을 쏘며 하늘을 날아다니는 스파이더맨이 높이에 대한 두려움이 있다는 건 말이 안되니 말이다.

III. 헤드라인과 동사

헤드라인에 어울리는 동사

행위동사(Action Verb)

헤드라인이 좋아하는 동사

뉴스에서 가장 많이 사용하는 동사

뉴스에 자주 사용하는 구문

1. 헤드라인에 어울리는 동사

헤드라인에 동사를 꼭 사용해야 하는 것은 아니지만, 동사가 있어야 맛이 살아난다. 헤드라인을 분석해보면 동사가 없는 경우보다 동사를 사용한 헤드라인이 압도적으로 많다. 동사 없는 헤드라인은 한 마디로 좋은 헤드라인이 될 자격이 부족하다. 헤드라인에 사용하는 동사는 두 가지 요건을 갖춰야 한다.

첫째, strong verbs를 사용한다. 동사 중에서도 생동감을 더하려면 소위 'action'의 느낌을 줄 수 있는 'strong verbs'를 사용하는 것이 바람직하다.[15] do, get, take, make, have 등의 action 느낌이 다소 약한 동사보다 hit, launch, drop, rise, soar, shock, boost, loom 등 처럼 무언가 움직임이 느껴지는 소위 'strong verbs'가 효과적이다.

둘째, simple verbs를 사용한다. 가능하면 상대적으로 철자가 적어 간단하게 느껴지는 동사가 좋다. 예를 들어 'Government rolls back regulations on chemical emission' 헤드라인에서 처럼 필요에 따라 'roll back'이라는 구동사(phrasal verb)를 사용해 '되돌리다'라는 action의 느낌을 헤드라인에 실어줄 수도 있지만, 가급적 경제성을 고려해 짧은 단어가 선호된다.

아래 내용은 신문의 편집자 입장에서 생각한 바람직한 헤드라인의 동사에 대한 조언이다.[16] 기자들이 취재하고 기사를 작성하면서 나름 구상한 글의 제목, 즉 헤드라인을 정하지만, 편집자도 독자를 생각하면서 마지막까지 붙들고 고민하다 맨 마지막에 결정하는 헤드라인이, 독자들은 신문을 펼치면 가장 먼저 들여다보는 요소이기에 가장 정확하고, 가장 효과적이어야 한다.

- Use active, short, action verbs.
- Remember to have fun; think of more interesting ways to attract the reader.

- Balance the fun/attractive elements of the headline with accuracy. It must remain accurate.
- Avoid words that could be read as either a noun or a verb.
- Examine connotations, context, unintended meanings.
- Work hard to find the precise verb that summarizes the action.

2. 행위동사(Action Verb)

앞에서 'strong action verb'에 대해 설명했는데, 여기서는 일반적으로 영어에서 행위동사, 즉 'action verb'의 대표적인 단어들을 살펴본다. 먼저, 몸이나 사물의 움직임이 느껴지는 동사 목록이다.

Physical Action Verbs:

ask, bend, climb, drive, eat, frolic, go, hang, inch, jiggle, kick, leap, mumble, nod, open, pull, quake, run, swim, tumble, unlock, vibrate, walk, yell, zip

다음은 몸의 움직임이 느껴지는 동사만큼은 아니지만, 심리적 움직임이 고스란히 남아있는 동사이다. 의미를 생각하며 읽어보자.

Mental Action Verbs:

analyze, appreciate, condemn, consider, doubt, dream, dread, evaluate, fantasize, fear, forget, imagine, learn, memorize, ponder, remember, review, think, worry,

3. 헤드라인이 좋아하는 동사[17]

아래에 열거한 동사는 뉴스 헤드라인에서 선호하는 동사를 알파벳 순서로 제시한 것이다. 일부 어휘는 명사로도 사용할 수 있지만, 아래의 예시는 동사로 사용한 헤드라인이다. 한 가지 기억해야 하는 것은 헤드라인은 짧고 간결해야 해서 길이가 짧은 동사를 좋아한다는 사실이다. 일부 동사는 일반 글에서는 동사로 잘 사용하지 않거나 신문 같은 formal한 성격에 어울리지 않아 영어 원어민들도 이에 대해 서로 의견이 갈리기도 한다.

air   방송하다
President to **air** national address on reunification

allay   완화하다, 가라앉히다, 해소하다
President's address **allays** public concerns

assail   공격하다; 신랄히 비판하다
Farmers **assail** government over agricultural policies

axe   해고하다
Google **axes** jobs amid company restructuring

back   지지하다
Customers **back** environmental initiatives

bag   얻다, 성취하다, 챙기다

Professor-turned candidate **bags** landslide victory

| balk | 멈칫하다, 꺼리다, 방해하다 |

Global leaders **balk** at climate goals

| ban | 금지하다 |

Government to **ban** unauthorized gatherings

| bar | 막다, 금지하다 |

Tourists **barred** from entry

| bare | 드러내다 |

Company's unethical practices **bared**

| bash | 비난하다 |

UN **bashes** government's human rights record

| beat | 이기다 |

Rookie beats defending champ in shocking victory

| bilk | 속이다, 떼어먹다 |

Start-up allegedly **bilks** investors

| blast | 폭발하다, 비난하다 |

Greenpeace **blast** government for climate policy inaction

boost　지지하다, 상승하다

Health campaign launches to **boost** public well-being

cite　인용하다, (공식적으로) 언급하다

Police **cites** spike in crime rates

claim　주장하다, 목숨을 앗아가다

Train accident **claims** multiple lives

clash　충돌하다, 격돌하다

Rivas **clash** for championship title

club　(곤봉, 막대기 등으로) 때리다

Civil activists **clubbed** to death

curb　제한하다, 억제하다

New regulations aim to **curb** chemical's environmental impact

dim　줄어들다

Big 3 profits **dim** amidst market challenges

dip　내려가다, 떨어지다

Stock prices **dip** as market faces uncertainty

down　쓰러뜨리다, 격추하다, 죽 들이키다

Airplane **downed** by unidentified forces

dub   이름을 짓다, 명명하다

Google **dubs** new app virtual game-changer

ease   완화하다, 풀다

Government to **ease** COVID-19 restriction

eye   눈여겨보다, 목표로 삼다

Apple **eyes** expansion into emerging AI market

fault   비난하다, 꾸짖다

Labor union **faults** company for unfair practices

feud   불화, 반목, 불화를 빚다

Rival parties **feud** over budget allocation

fire   해고하다

Samsung **fires** employees for alleged misconduct

flay   비난하다

Spectators **flay** referee's calls in championship match

foil   막다, 저지하다

Brave bystander **foils** armed robbery, saves lives

forge 구축하다, 위조하다

Samsung and Google **forge** partnership amidst tech innovation boom

fuel 부채질하다, ~에 힘을 싣다

Soaring prices **fuel** concerns over inflation

grip 쥐다, 통제하다

Economic uncertainty **grips** markets amid global trade tensions

gut (화재로) 내부를 파괴하다, 태워버리다

Massive blaze **guts** historic building

hail 환호하다, 부르다

Fans **hail** champion's victory in epic showdown

halt 멈추다, 중단시키다

Pandemic **halts** tourism industry

haul 끌다, 움직이다

Volunteers **haul** donations for disaster relief

haunt 괴롭히다, 계속 떠오르다

Financial scandal **haunts** mayor's reelection campaign

hike 오르다, 상승하다

Government to **hike** subway fares soon

hint (at) 암시하다, 시사하다

Economic analysts **hint at** impending market volatility

hold 붙잡다, 개최하다

Lawmakers held over alleged plot

hone 연마하다, 준비하다

Young athletes **hone** skills in training camp

hop 깡충깡충 뛰다

Enthusiasts **hop** overseas as restrictions ease

inch 조금씩 움직이다, 서서히 움직이다

Negotiations **inch** closer to historic agreement

ink 서명하다

Renowned director **inks** deal for movie sequel

irk 짜증나게 만들다, 괴롭히다

New policy **irks** residents with parking restrictions

junk 폐기물, 쓰레기, 버리다, 처분하다

Auto industry to **junk** traditional models for electric innovation

kick (off, in) 시작하다; 효력이 발생하다
Retailers **kicks off** summer sale with discounts

Penalties **kick in**

lash (at, against) 후려치다, 강타하다
Environmentalists **lash against** deforestation practices

laud   칭찬하다, 찬사를 보내다
Director **lauded** for leadership in film industry

launch   시작하다, 착수하다
Government **launches** campaign for environmental awareness

lift   들어 올리다, (금지, 제약 등을) 해제하다
UN **lifts** sanctions against North Korea in diplomatic move

loom   어렴풋이 보이다, 임박하다
Political uncertainty **looms** ahead of general election

lop   자르다, 손질하다
Budget cuts force schools to **lop** extracurriculars

lull   달래다, 잠잠해지다
Consumer spending **lulls**, raising concerns for retailers

mob　　　떼를 지어 모이다
Protesters **mob** streets, demanding reforms

mull (over)　고심하다, 심사숙고하다
Government **mulls over** new city development

nab　　　잡다, 체포하다
Customs officers **nab** wildlife smugglers at border

nail　　　잡다, 죄를 밝히다
Police **nail** notorious drug lord at airport

name　　　명명하다, 이름을 대다, 지명하다
Ex-minister named UN ambassador

net　　　잡다, 획득하다
Underdog **nets** shocking victory

nix　　　퇴짜 놓다, 거부하다
Instagram **nixes** controversial feature amid privacy concerns

nod　　　끄덕이다, 승인하다
Labor union **nods** to wage freeze agreement

OK　　　동의하다, 받아들이다

Army **OKs** new legislation to streamline recruitment process

opt (for)   선택하다

Consumers **opt for** eco-friendly housing trend

oust   쫓아내다, 축출하다

Shareholders **oust** CEO over financial mismanagement

pin   고정시키다, 꼼짝 못하게 하다

Oil prices pin investors' attention, hit record highs

post   게시하다, 발표하다

The semiconductor company **posts** a surprise profit in the 4th quarter.

probe   수사하다, 조사하다

Prosecution **probes** corruption and graft in public office

prod   부추기다, 극하다

Government **prods** industry to prioritize environment

prompt   유발하다, 촉발하다

Accidents **prompt** government action on road safety

quell   진압하다, 가라앉히다

Government explanation unlikely to quell mounting public concern over scandal

quit 그만두다, 떠나다

CEO **quits**, sparks concern over company's future

quiz 질문하다, 테스트하다

Investors **quiz** CEO on corporate sustainable practices

rage 맹렬히 계속되다, (화재 등이) 걷잡을 수 없이 번지다

Anti-government rallies **rage** on

rap 두드리다, 때리다, 공격하다

N. Korea **raps** UN resolution on Human Rights

raze 완전히 파괴하다

Greenpeace against proposal to **raze** forest for development

reel (충격으로) 휘청거리다

Film industry **reeling** from pandemic impact

rise 오르다, 상승하다

Petroleum prices rise to record high

rock 충격을 주다, 놀라게 하다

Asia **rocked** by China's economic shifts

rout   무찌르다, 궤멸시키다

AI **routs** human translators in audiovisual translation

row   말싸움하다, 다투다, 소동

Business titans **row** over market hegemony

rule   판결하다, 통치하다, 지배하다

The opposition party **rules** voting in landslide victory

sack   해고하다

Soccer coach **sacked** after losing streak

scan   살피다, 조사하다

IAEA to **scan** nuke facilities

score   비난하다

Public **scores** government's handling of disaster

seize   붙잡다, 체포하다

Police **seize** contraband worth millions

shell   폭격하다, 폭탄을 퍼붓다

Rebels **shell** hospitals and schools

shun 피하다

Consumers **shun** traditional markets for online

sift (through) 조사하다

Police **sifting** evidence for clues

slam 강력하게 비난하다

Academics **slam** educational reforms

slay 영향을 미치다, 압도하다, 죽이다

Korean soccer **slays** competition in World Cup

snub 무시하다, 무시

People **snubbed** by status, not skin color

soar 급등하다, 치솟다

Stock prices **soar** to record highs

spark 촉발하다, 유발하다

Cyberattack **sparks** war in cyberspace

spike 급등하다

COVID-19 cases **spike** after holidays

split 분리하다, 분열시키다

Nation **splits** over immigration policy

spook   겁주다, 겁먹게 만들다

Market uncertainty **spooks** investors

stall   시간을 끌다, 지연하다

Negotiations **stall** over emission goals

stem   막다, 저지하다

Authorities struggling to **stem** traffic congestion

sue   고소하다, 청구하다

Economic giant **sued** for alleged patent infringement

sway   흔들다, 동요하게 만들다

K-Wave **sways** global pop culture trends

team up   협력하다, 함께하다

SMU, Samgsung **team up** for cybersecurity initiative

thwart   방해하다, 좌절시키다

Student ideas **thwart** environmental pollution

tip   조언하다, 귀뜸하다

Nutritionists **tip** best diets for healthy life

tout 홍보하다, 장점을 내세우다

Officials **tout** breakthrough in bilateral talks

trigger 유발하다, 촉발하다

Economic downturn **triggers** unemployment fears

trim 줄이다, 다듬다, 손질하다

Government to **trim** budget amid economic woes

unveil 공개하다

Korea **unveils** a surprising investment package

urge 촉구하다

Manufacturers **urged** to prioritize environment

usher (in) 안내하다, 도입하다

Olympics **usher in** soaring popularity of emerging sports

vie (for) 경쟁하다

Companies **vie for** dominance in AI revolution

vow 다짐하다, 맹세하다

Leaders **vow** to collaborate for global prosperity

weigh 숙고하다, 비중을 두다

More consumers **weigh** choices for environment

woo 지지를 호소하다, 구애하다

Politicians **woo** voters with campaign promises

yank 홱 잡아당기다

E-mart **yanks** ads amid backlash

yield 생산하다

Good weather to **yield** strong performances of athletes

4. 뉴스에서 가장 많이 사용하는 동사

뉴스에서 가장 많이 사용하는 동사가 무엇일까? 이 질문에 대한 한 연구[18]에 따르면, 명사, 동사, 형용사 등 모든 품사를 통틀어 1위를 차지한 단어는 바로 'said'였다[19]. (참고로 명사 중에서 가장 많이 사용된 단어는 'people'이었다.)

뉴스는 취재한 내용을 보도하는 형식이기에 '~라고 말했다'라는 표현을 그래서 'said'가 가장 많이 사용되었다는 연구 결과에 고개가 절로 끄덕여진다. 영자신문을 읽으면 say 동사 이외에 정말 다양한 동사가 색다른 뉘앙스에 실려 사용된다. 영문법에서 소위 '전달동사'(reporting verb)라는 용어로 다른 사람의 말을 전달할 때 사용하는 다양한 동사를 다루기도 한다. 여기서는 직접화법, 간접화법 등에 따른 동사 분류가 아니라, 동사가 갖는 뉘앙스를 기준으로 뉴스에 자주 등장하는 전달동사를 정리한다.

The spokesperson said that the government would implement new safety measures.

정부는 새로운 안전 조치를 시행할 것이라고 대변인이 말했다.

위의 예문에서 'said'는 별 다른 어감을 주지 않는 가장 일반적인 '말하다'에 해당하는 동사이다. 여기에 감정을 실어 어감을 조금씩 달리 한다면 아래와 같은 정도의 순서로 표현할 수 있을 것이다.

▶ ~라고 말하다

note

mention

remark

report

suggest

point out

comment

describe

state

explain

▶ ~라고 주장하다

assert

affirm

insist

maintain

contend

argue

claim

allege

proclaim

decree

5. 뉴스에 자주 사용하는 구문

뉴스는 '누가' '무엇을' '했다'를 전달하는 게 핵심이다. 그래서 영어 뉴스 문장 중에서 '주어(S) + 동사(V) + 목적어(O)' 형태가 가장 흔히 사용된다고 볼 수 있다. 여기서 거창한 문법을 논하려는 것은 아니다. 단지 영어를 읽을 때 복잡해 보이는 문장을 쉽게 파악하는 것은 주어(S)와 동사(V)를 찾는 것이다. 그럼 절반 이상은 해결한 셈이다. '누가' (무엇을) 했다' 그리고 나머지는 부가 설명이라 보면 된다.

아래 구문은 뉴스 기사에 단골로 사용되는 대표적인 형태를 정리한 것이다. 공식으로 생각하고 외우지 말고 문장을 읽으면서 해당 구문에 익숙해지도록 노력하기 바란다. 그리고 주어와 동사의 의미만 찾으면 된다. 이해를 돕기 위해 아래 문장은 버스 요금 인상 관련 내용으로만 구성했다.

> 버스 요금 인상 예정
> Government to raise bus fare

1. S + V + to 부정사

<u>The government announced to raise</u> bus fare.
정부가 버스 요금 인상을 발표했다.

<u>The bus companies asked the government to</u> provide financial support.
버스 회사들은 정부에 재정 지원을 요청했다.

2. S + V, ~ V-ing

The government announced a plan to raise the bus fare, citing the need to improve necessary infrastructure.

정부는 필요한 인프라 개선의 필요성을 언급하며 버스 요금 인상 계획을 발표했다.

3. According to ~ , S + V (+ to 부정사)

According to the spokesperson, the government plans to raise the bus fare.

대변인에 따르면 정부는 버스 요금을 인상할 계획이라고 한다.

4. ~ said (that) S + V

The spokesman said the government discussed its plan to raise the bus fare with key stakeholders.

대변인은 정부가 주요 이해관계자들과 버스 요금 인상 계획을 논의했다고 말했다.

5. It is ~ that

It is essential that the government reviews its decision to increase bus fare.

It is essential that the government reviews its decision to increase bus fare, considering the impact on commuters.

정부는 통근자들에게 미치는 영향을 고려하여 버스 요금 인상 결정을 재검토해야 한다.

6. It is ~ to V

It is a pity to witness the need for an increase in bus fares.
버스 요금 인상의 필요성을 알게 되어 유감입니다.

7. have/has yet to ~

The bus companies have yet to receive official feedback from the government regarding the request for financial assistance.
버스 회사들은 아직 정부로부터 재정 지원 요청에 대한 공식적인 피드백을 받지 못했다.

8. ~ remain 형용사

The bus fare has **remained unchanged** for the past two years.
버스 요금은 지난 2년간 변동이 없었다.

9. In an effort to ~ , S + V

In an effort to enhance public transportation services, **the government introduced** environment-friendly buses with upgraded routes.
대중교통 서비스를 개선하기 위해 정부는 노선 업그레이드와 친환경 버스를 도입했다.

10. With S ~ V-ing

With general elections coming up in about a month, politicians are addressing bus fare policies in their campaigns.

총선이 약 한 달 앞으로 다가오면서 정치인들은 선거 운동에서 버스 요금 정책을 다루고 있다.

= With general elections about a month left, ~

= With general elections about a month away, ~

11. In the midst of ~

In the midst of economic challenges, citizens are worried about the potential rise in bus fares.

경제 위기 가운데 시민들은 버스 요금이 인상될까 봐 걱정하고 있다.

12. ~ come(s) amid

The government announcement **comes amid** growing concerns over economic challenges.

이번 정부 발표는 경제 문제에 대한 우려가 커지는 가운데 나왔다.

13. S + V, followed by ~

The announcement came amid growing economic concerns, **followed by** discussions on potential changes to public transportation fares.

이번 발표는 경제에 대한 우려가 커진 가운데 나왔고, 뒤이어 대중교통 요금 변경에 대한 논의가 이어졌다.

14. V-ing, S + V

Seeking economic stability, **the government is** considering adjustment to bus fares.

경제 안정을 위해 정부는 버스 요금 조정을 고려하고 있다.

Hoping for fare stability, **commuters anticipate** clear communication regarding any potential changes.

요금이 안정되기를 바라며, 통근자들은 잠재적인 변경 사항에 대한 명확히 소통하기를 기대한다.

15. -ed, S + V

Armed with dubious intentions, **the bus companies unjustly raised** bus fares, burdening passengers with additional costs.

수상한 의도를 가진 버스 회사들은 부당하게 버스 요금을 인상하여 승객들에게 추가 비용을 부담시켰다.

16. S + would + V

The government said **it would reassess** the proposed rise in bus fare following public concerns and feedback.

정부는 대중의 우려와 피드백에 따라 버스 요금 인상안을 재검토할 것이라고 밝혔다.

17. Despite NP, S + V ~

Despite the growing public concerns, **the bus companies have** yet to announce any changes to their planned bus fare rise.

대중의 우려가 커지고 있음에도 불구하고 버스 회사들은 아직 버스 요금 인상 계획에 대한 변경 사항을 발표하지 않고 있다.

18. Although S + V, S + V ~

Although the bus fares have increased, **the commuters have** no choice but to rely on buses for their daily commute.

버스 요금이 인상되었지만 통근자들은 매일 출퇴근을 버스에 의존할 수밖에 없다.

19. As of ~

As of Wednesday, the government has yet to provide a resolution amid the derailed negotiations on bus fare adjustments.

수요일 현재, 버스 요금 조정 협상이 결렬된 가운데 정부는 아직 해결책을 제시하지 못하고 있습니다.

20. Meanwhile, ; in the meantime; additionally; in addition.

Meanwhile, the bus companies have long considered their options in light of the potential bus fare increase.

한편, 버스 회사들은 버스 요금 인상 가능성에 대비해 오랫동안 옵션을 검토해 왔다.

21. Having -ed, S + V ~

Having faced a potential rise in bus fare, **the citizens are** expressing concerns about the impact on their daily commuting expenses.

버스 요금이 인상될 수 있다는 소식에 시민들은 출퇴근 비용에 미칠 영향에 대해 우려를 표하고 있다.

IV. 정치뉴스

핵심표현

국가별 의회

법 그리고 시행령

국경일과 기념일

대한민국 정부조직도

정치 뉴스(Political News)

정치는 우리 국민이 인간다운 삶을 영위하는데 중요한 역할을 한다. 국가의 권력을 국민에게서 얻은 이들이 권력을 잡고나서 또는 권력을 유지하기 위해 벌이는 일이 정치라는 것인데, 그 과정 속에 우리 국민이 느끼는 감정이 너무나 다양하다. 정치로 우리가 사는 세상이 안전하고, 그래서 국민이 행복하고 편안하게 살 수 있어야 한다. 그런 정치 뉴스에 자주 사용하는 다양한 표현과 용어를 정리했다.

1. 핵심표현

▶ 여당: the ruling party

정당정치에서 정권을 잡은 집권당의 의미로 지배, 군림을 뜻하는 'rule'을 사용해 ruling party라고 부른다.

The ruling party faced criticism from the opposition for its handling of rural development.

여당은 농촌개발 문제로 야당의 비난을 받았다.

▶ 야당: the opposition party

집권당이 아닌 정당을 야당이라 부르고, 신문에 주로 언급되는 제1야당은 'the main opposition party'라고 부른다.

The opposition party accused the ruling party of neglecting rural development.

야당은 여당에 대해 농촌개발에 소홀한 점을 들어 비난했다.

▶ **국정운영**: the operation of government affairs; the management of government affairs

국정(government affairs), 즉 나라를 통치하는 것과 관련된 업무를 의미한다.

Citizens are urged to actively engage in the democratic process to influence the operation of government affairs.

국정운영에 영향을 미칠 수 있는 민주적 절차에 적극 참여하라고 시민들에게 촉구한다.

▶ **3권분립**: the separation of powers between three branches of government; three separate branches of government

국정(government affairs), 즉 나라를 통치하는 것과 관련된 업무를 의미한다

국가권력의 3권은 The legislative branch(입법부), The judicial branch(사법부), The executive branch(행정부)이다. 상호견제와 균형을 유지하기 위해 3권은 분립한다.

The separation of powers between three branches of government is a cornerstone of democratic systems.

3권 분립은 민주시스템의 초석이다.

▶ **입법부**: the legislative branch; the legislative body

법을 만드는 입법을 담당하는 국가권력 기관인 국회에 해당한다.

The National Assembly is the South Korea's legislative branch.

국회는 한국의 입법부이다.

▶ 국가수반: the head of state

국가의 우두머리라는 의미로 우리나라의 경우에는 대통령이 국가의 원수이다.

The President, as **the head of state**, welcomed the diplomatic delegation in the ceremony.

국가수반인 대통령이 기념식에서 외교사절들을 환영했다.

▶ 5부 요인: five leading figures

5부 요인은 대한민국 서열 상 대통령을 제외하고 중요한 5명이란 의미이다. 유사시에 대통령을 대신할 서열에 따른 5명인데 이에 대한 영어 표현은 없다. 굳이 표현하자면 'five leading figures who are designated to take over president's roles and responsibilities in the event of unforeseen circumstances such as the demise of the President'라고 표현할 수 있다. 삼부요인은 입법부, 행정부, 사법부를 관장하고 대표하는 중요한 인물을 의미한다. 서열 순서로 국회의장(입법부), 대법원장(사법부), 행정부의 경우 대통령이 수장이기 때문에 국무총리가 삼부 요인에 포함된다. '5부 요인'이라는 표현은 서열 순서로 국회의장, 대법원장, 헌법재판소장, 국무총리, 중앙선거관리위원장을 의미한다.

The President invited former presidents and **five leading figures** to the luncheon and explained the government's unification strategies.

대통령은 전직 대통령과 5부 요인을 오찬에 초대해 정부의 통일 전략에 대해 설명했다.

▶ **축사를 하다**: deliver a congratulatory speech

기념행사에 대통령이나 고위 관리 등이 참석해 주로 축사를 한다. 영어로 congratulatory speech, congratulatory remarks 등으로 표현하면 된다.

The Prime Minister **delivered a congratulatory speech** at the inauguration ceremony of the new research center.

국무총리는 새 연구센터 개소식에서 축사했다.

▶ **정부가 ~ 정책을 발표하다**: the government announced a policy to ~

국정을 운영하며 국민을 위해 다양한 정책을 펼쳐야 한다. 그래서 정부는 기억이 나지 않을 정도로 많은 정책을 발표하고 시행한다.

The government **announced a new policy** to enhance environmental sustainability.

정부는 환경 지속가능성을 증진하기 위한 새로운 정책을 발표했다.

▶ **연두교서를 발표하다**: deliver the State of the Union address

연두교서는 연두(年頭), 즉 매년 초 국가의 상황을 분석해 정책을 설명하고 의회에 입법을 요청하는 내용을 담은 연설이다. 우리나라의 경우에는 연두교서라 하지 않고, '시정연설'이라고 부르는데 정부 예산안을 국회에 제출할 때 이에 대해 설명으로 하는 연설이다.

The U.S. President **delivers the State of the Union address** at the beginning of each year.[20]

미국 대통령은 매년 초에 연두교서를 발표한다.

▶ 시정연설: budget speech by the president

앞에서 설명한 미국의 연두교서처럼 우리나라 대통령이 예산 관련해서 국회에서 하는 연설이다. Budget speech라고 부른다. 정부가 세운 예산을 의회에서 잘 통과시켜 달라는 요청을 담은 연설이기 때문에 그렇다.
President Yoon **delivered a budget speech** to the National Assembly, calling for the passage of his government's budget.
윤대통령은 국회에서 시정연설을 통해 정부 예산안 통과를 요청했다.

▶ 감세 정책을 펴다: implement a tax reduction policy

정부가 역할을 하려면 한 마디로 수입이 있어야 한다. 정부의 수입원은 바로 조세, 즉 국세와 지방세와 같은 세금이다. 정권에 따라 국가 경제상황에 따라 증세를 하기도 하고 감세를 하기도 한다. 이에 따라 국민과 기업이 느끼는 부담은 천당과 지옥을 오가기도 할 것이다. 이런 증세는 tax increase 또는 tax hike라고 하고, 감세는 tax decrease, tax reduction 등으로 부른다.
In an effort to stimulate the national economy, the government **implemented a tax reduction policy**, lowering rates for both businesses and individuals.
국가경제 활성화를 위해, 정부는 감세정책을 시행해, 기업과 가계의 세율을 낮췄다.

▶ 국회에 ~을 촉구하다: urge the National Assembly to ~

정부는 국회에 예산 뿐 아니라 여러 정책을 입법화 해달라는 공식 요청을 한다. 정부가 국회 사이에 이뤄지는 가장 흔한 모습이다.

The President **urged the National Assembly to** pass tax reform legislation to provide relief to citizens.

대통령은 국회에 시민의 부담을 덜어주기 위해 세제 개혁 법안을 통과시켜달라고 촉구했다.

▶ (법이) 발효되다: come into effect; take effect

국회에서 입법절차를 거쳐 만들어진 법은 효력이 발생하게 되는 시점이 중요하다. 그에 따라 법이 적용되기 때문이다.

The new tax law **takes effect** on Oct. 1.

새로운 세금법은 10월 1일 발효된다.

▶ 민생 안정을 도모하다: ensure stability in the people's lives

민생 즉 국민의 삶이 편해야 나라도 편하다. 정치에서 가장 중요하게 여겨야 하는 것이다.

The primary concern of the government is to **ensure stability in the people's lives**.

민생 안정을 도모하는 것은 정부의 핵심 관심사안이다.

▶ 민생을 돌보다: take care of the public welfare

앞에서 말한 민생을 돌보는 것이 정부의 책무이다.

민생: the public welfare

민생고: the financial difficulties of the people

The government should **take care of the public welfare**.

정부는 민생을 돌봐야 한다.

▶ 서민의 삶을 챙기다: attend to the everyday lives of ordinary people; take care of the ordinary people's lives

민생을 돌보는 것이 바로 서민 즉 보통 시민의 삶을 돌보는 것이다.

It is the government's responsibility to **attend to the everyday lives of ordinary people**.

서민의 삶을 챙기는 것이 정부의 책임이다.

▶ 규제를 완화하다: ease the regulations

철폐가 능사는 아니기에 경우에 따라서는 완화하는 것도 필요하다. 완화하다는 영어로 'relax the regulations' 'simplify the regulations' 'ease the regulations' 등으로 표현하면 된다.

Farmers urged the government to **ease the regulations**.

농부들은 규제를 완화해달라고 정부에게 촉구했다.

▶ 불필요한 규제를 철폐하다: abolish the unnecessary regulations

법으로 각종 규제를 만들어 민생을 어렵고 힘들게 만든다면 이는 과감하게 철폐해야 한다. '철폐하다'를 표현하는데 사용할 수 있는 동사는 revoke, repeal, withdraw, lift, dismantle, terminate 등이 있다.

The government decided to **abolish the unnecessary regulations** to foster a more conducive environment for innovation.

정부는 혁신에 보다 도움이 되는 환경을 마련하기 위해 불필요한 규제를 철폐하기로 결정했다.

▶ 개혁안을 발의하다: propose a reform bill

법안을 발의하는 일은 국회의 역할이다. 그래서 국회의원이 얼마나 법안 발의를 했는지 살펴보면 열심히 했는지 등을 알 수 있다. 새로 법안을 발의하기도 하지만, 기존 법의 맹점 등을 보완하는 개혁안을 발의하는 것도 현명한 일이다. '법안'은 bill이라고 표현하고 '발의하다'는 '제안하다, 생각해내다'라는 의미로 'propose'라고 하면 된다.

Lawmakers **proposed the reform bill** to address pressing issues in the education system.

국회의원들은 교육시스템의 현안을 해결하기 위해 개혁안을 발의했다.

▶ 법 시행과 위반 단속을 하다: implement and enforce a law

법을 시행하다는 'implement a law'이고 법 위반을 단속하는 것을 'enforce a law'라고 표현한다. 도로에 카메라로 위반 단속이라고 표현할 때 'camera enforcement'라고 하는 것을 생각하면 기억하기 쉽다. enforcement는 법이 적용되는데 그런 법을 어기는 위반 행위를 단속한다는 의미이다.

The government and law enforcement agencies are responsible for **implementing and enforcing the road traffic laws**.

정부와 사법당국은 도로교통법 시행과 단속을 담당한다.

▶ ~을/를 장관으로 임명하다: appoint ~ as the Minister ~

임명하다 'appoint'로 표현하면 된다. 비슷한 동사로 문맥에 따라 assign, elect, designate, choose 등을 사용할 수도 있다.

The President **appointed** the former general **as the Minister of Defense**.

대통령은 전 장군을 국방부 장관으로 임명했다.

▶ **개각을 단행하다**: carry out a cabinet reshuffle; reshuffle the cabinet portfolios

대통령을 보좌, 자문하는 행정기관을 통칭으로 내각이라 하는데 이를 교체하는 것을 '개각'이라고 한다.

The President plans to **carry out a sweeping cabinet reshuffle**.

대통령은 전면개각 단행을 구상하고 있다.

▶ **국가비상사태를 선포하다**: declare a state of national emergency

통상적인 방법으로 공공의 안녕질서를 유지하기 어려울 때 대통령이 선포한다.

The President can **declare a state of national emergency** in response to natural disasters such as earthquakes.

지진과 같은 자연재해에 대응하기 위해 대통령은 국가비상사태를 선포할 수 있다.

▶ **~ 회의를 주재하다**: preside over a meeting on ~

'회의 등을 주재하다'를 영어로 'preside over ~' 또는 'chair'로 표현한다. 집중호우 등이 발생하면 중앙재난안전대책본부에서 대통령이 회의를 주재하는 광경이 뉴스에 실린다.

Prime Minister **presided over a meeting** (=chaired a meeting) on the wildfires at the Central Disaster and Safety Countermeasure Headquarters.

국무총리는 중앙재난안전대책본부에서 산불관련 회의를 주재했다.

▶ ~에 만전을 기하다: make doubly sure regarding ~

'make doubly sure' 그냥 make sure도 아니고 doubly sure 곱빼기로 sure 하라는 말이니 아주 철저히 확실히~ 라는 의미이다. 'make sure doubly sure'라고도 한다.

대통령이 주로 하는 당부:
- 대비를 철저히 해라: prepare thoroughly
- 필요한 조치를 취해라: take necessary measures
- 시민안전을 최우선으로 해라: prioritize the safety of the citizens
- 민생을 챙겨라: safeguard the well-being of citizens

Make doubly sure to safeguard the well-being of citizens. 이렇게 연결하면 '~에 만전을 기해라'라는 뜻이 된다.

The President urged the public servants to **make assurance doubly sure** regarding the safety of the citizens.

대통령은 시민의 안전에 만전을 기하라고 공무원들에게 당부했다.

▶ ~ 노고를 치하하다: praise the hard work of ~

'치하하다'는 'praise, commend, appreciate, compliment, salute, applaud' 등으로 표현할 수 있다.

'군인의 노고를 치하하다'를 표현하는 방법
- commend the dedication of the soldiers
- applaud the commitment of the soldiers
- salute the dedication of the soldiers
- express gratitude for the hard work by the soldiers

대통령이나 장관 등이 공무원, 시민들의 역할과 노력에 대해 경의와 감사의 뜻을 표한다는 의미로 '노고를 치하하다'라고 자주 뉴스에 등장한다.
The President visited the front lines and **praised the hard work of** the soldiers.
대통령은 전방부대를 방문해 군인들의 노고를 치하했다.

▶ 국빈 방문하다: make a state visit to ~

한 나라에서 정식으로 초대한 방문의 경우 '국빈 방문'이라고 표현한다.
The President **made a state visit to** the United States to strengthen diplomatic ties.
대통령은 외교관계 강화를 위해 미국을 국빈 방문했다.

▶ 순방하다: pay a round of visits to ~

여러 나라, 여러 도시 등을 차례로 방문하는 것을 순방이라고 표현한다.
The President **paid a round of visits to** key allies to discuss security concerns.
대통령은 안보 사안 논의를 위해 주요 동맹국을 순방했다.

▶ 조약에 서명하다: sign a treaty

국가 간 체결하는 약속을 담은 가장 공식적인 문서가 '조약'이다. 조약을 영어로 'treaty'라고 한다.
Both heads of the countries have **signed a treaty** on economic cooperation and mutual defense.
양국 정상은 경제협력 및 상호 방위 조약에 서명했다.

▶ 쌍무회담: bilateral talks

두 나라 사이의 공식적인 회담을 주로 '쌍무회담' 또는 '양자회담'이라고 부르고 영어로는 'bilateral talks'라 한다. 둘이 아니고 여럿인 경우 다자회담이라고 부르고 'multilateral talks'라 한다.
참고로 정상회담은 'summit talks'라 하고, 3자 회담은 '3-party talks' 6자 회담은 '6-party talks' 라고 표현한다.
Mr. Putin showed up late again for the **bilateral talks** with his South Korean counterpart.
푸틴 대통령은 한국 대통령과의 양자 회담에 또 늦게 나타났다.

▶ 국빈만찬에 참석하다: attend a state banquet

국빈방문을 하는 정상은 방문국가의 공식 국빈만찬, 환영식 등에 참석해 우의를 다진다.

The President **attended the state banquet** to foster goodwill and strengthen diplomatic ties.

대통령은 친선을 도모하고 외교 관계를 강화하기 위해 국빈 만찬에 참석했다.

▶ 양국간 우의를 다지다: promote friendship between the two countries

'우의(friendship)를 다지다'는 promote friendship이라고 표현한다.

The two leaders attended the official reception and **promoted friendship between the two countries**.

두 정상은 공식 리셉션에 참석해 양국 간의 우의를 다졌다.

promote friendship 대신에 다음과 같은 표현을 써도 괜찮다.

- foster amity
- cultivate camaraderie
- cultivate friendly ties
- encourage goodwill
- strengthen relations

▶ 국립묘지를 참배하다: pay one's respects at the National Cemetery

절하거나 추모의 뜻을 표하는 것을 어려운 말로 '참배'라고 한다. 이를 영어로 'pay one's respect(s)' 또는 'pay one's homage'라고 표현한다. Respect는 단, 복수 상관없지만, homage는 주로 단수를 사용한다.

The President and the cabinet members **paid their respects** at the National Cemetery.

대통령과 각료들은 국립묘지에서 참배했다.

▶ **헌화하다**: lay flowers at ~ ; place a wreath at

해외 순방 중인 국빈은 그 나라의 국립묘지 등을 방문해 헌화하는 공식 일정이 생긴다. 그래서 이와 관련된 보도가 많다. 꽃이나 화환(wreath)을 묘지에 두는 행위를 영어로 'lay flowers at/on ~ ' 또는 'place a wreath at/on ~' 등으로 표현한다.

The President, during his state visit to the U.S., **placed a wreath at** the Tomb of the Unknown Soldiers as a symbol of respect and remembrance.

미국 국빈방문 중 대통령은 무명용사 무덤에 존경과 추모의 의미로 화환을 헌화했다.

2. 국가별 의회

대한민국 국회	the National Assembly
미국 의회	the Congress
상원	the Senate
하원	the House of Representative
일본 의회	the National Diet
참의원(상원)	the Upper House
중의원(하원)	the Lower House
영국 의회	the Parliament
상원	the House of Lords
하원	the House of Commons
프랑스 의회	the National Assembly (Assemblée Nationale)
호주 의회	the Parliament
독일 의회	the Bundestag(Federal Diet)
러시아 의회	the Federal Assembly
스페인 의회	the Cortes Generales
이스라엘 의회	the Knesset
국회의장	the Chairman; the Speaker
원내대표	floor leader
당대표	party leader; party representative
대변인	spokesperson; mouthpiece

3. 법 그리고 시행령

헌법이 있고, 법이 있고, 또 시행령과 시행규칙, 규제도 있고 너무 복잡하다. 이러한 법적 규정에 대해 간단히 영어와 함께 정리해본다. (단, 구체적인 정의와 영어 표현 등은 중앙정부, 시 등의 집행기관, 관련 법안, 그리고 맥락에 따라 다를 수 있다)

헌법	constitution
법률	law, act, ordinance
조례	ordinance
시행령	enforcement decree
시행규칙	enforcement regulations
규정	rules and regulations
행정명령	administrative orders
규제	restrictions
운영세칙	detailed rules of operation

4. 국경일과 기념일

뉴스에는 국경일과 기념일을 맞아 열리는 다양한 행사에 대통령, 장관, 공무원, 시민 등이 참석한 내용을 보도한다. 이런 국경일과 기념일의 뜻을 기린다는 의미를 담아 표현할 때 가장 쉽고 적합한 표현은 'celebrate' 'mark' 'observe' 'honor' 등을 쓸 수 있고, 조금 엄숙하고 장엄한 분위기에 해당하는 기념일이라면 'remember' "commemorate' 'pay tribute to' 'recognize' 'honor' 등을 사용하면 된다.

Citizens and government officials have attended the event to **commemorate Memorial Day**.

시민과 공무원들은 현충일 기념 행사에 참석했다.

Citizens and government officials have attended the event to **celebrate Children's Day**.

시민과 공무원들은 어린이 날 기념 행사에 참석했다.

국경일 (Korean National Holidays)

3·1절(3. 1)	Independence Movement Day
제헌절(7. 17)	Constitution Day
광복절(8. 15)	Liberation Day
개천절(10. 3)	National Foundation Day
한글날(10. 9)	Hangul Proclamation Day

명절 및 기념일 (Other Holidays & Celebration Days)

설(음 1. 1)	Lunar New Year's Day
식목일(4. 5)	Arbor Day
어린이 날(5. 5)	Children's Day
어버이 날(5. 8)	Parents' Day
스승의 날(5. 15)	Teacher's Day
석가탄신일(음 4. 8)	Buddha's Birthday
현충일(6. 6)	Memorial Day
추석(음 8. 15)	Chuseok, Korean Thanksgiving Day
국군의 날 (10. 1)	Armed Forces Day
크리스마스	Christmas

5. 대한민국 정부조직도

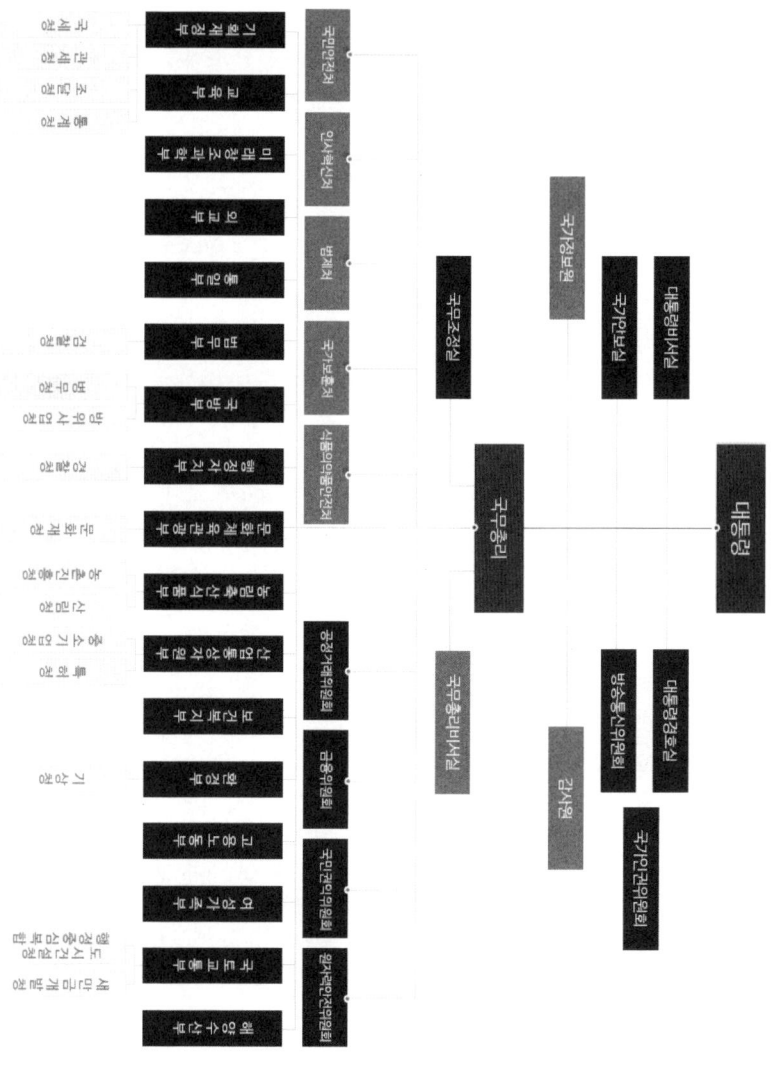

V. 남북관계(Inter-Korean) 뉴스

핵심표현
북한의 '위대한 영도자'
조약, 협약, 협정…
영어에도 폐하, 전하가 있다
대한민국 정부 부처 한글-영어 공식 명칭

남북관계(Inter-Korean) 뉴스

분단의 아픔을 겪고 있는 우리에게 남북 관계를 다룬 뉴스는 초미의 관심사가 아닐 수 없다. 통일을 논하기 전에 정권에 따라 남과 북의 관계가 어색을 넘어 경색되어 가다 초긴장 사태를 맞이하기도 하고, 서로 악수하며 교류가 활발해져 마치 당장이라도 통일될 것 같은 분위기가 나타나기도 한다. 남북관계에서 자주 등장하는 어휘와 표현을 살펴보자.

1. 핵심표현

▶ 국가안보: national security

남북관계를 논할 때 가장 먼저 국가안보에 대해 말하지 않을 수 없다. 안보, 안위 등을 security라고 하면 된다.

Mr. President emphasized the importance of **national security** during his address to the nation.

대통령은 대국민 연설에서 국가안보의 중요성을 강조했다.

▶ 남북분단: the national division of North and South

민족이 남과 북으로 나뉜 슬픔을 안고 있는 우리에게 남북분단은 너무나 익숙한 아픔이다. 분단은 'the national division' 'the national partition' 이라고 하면 된다.

'남과 북'은 영어로 표기할 때 영어의 방위 표시 순서에 따라, '북-남-동-서'의 순서로 하는 경우가 일반적이다. 다만 우리나라 영자신문은 남한을 먼저 쓰고, 다른 나라 표기에서도 방위표시 순서보다 우방국을 먼저 표기한다.

Koreans experience **the national division of North and South**.
한국인은 남북분단의 상황을 겪고 있다.

▶ 북한: North Korea; the Democratic People's Republic of Korea

북한의 공식명칭은 '북한 인민민주주의 공화국'이다. 이를 영어로 표기할 때 줄여서 DPRK로 쓴다. 풀어서 표기하면 the Democratic People's Republic of Korea이다. 그 밖에 언론에서 북한을 의미하는 표현은 다음과 같다.

North Korea (북한)
The Democratic People's Republic of Korea (인민민주주의 공화국)
The North (북한)
The Communist regime (공산주의 정권)
The Socialist regime (사회주의 정권)
The Stalinist regime (공산정권)
The puppet regime (괴뢰정권)

위와 같이 다양한 표현을 사용할 수 있지만, 공식적으로는 North Korea 그리고 DPRK를 쓰는 것이 좋다. 나머지는 글에서 반복할 때 선택적으로 사용하는 표현으로 보면 된다. 왜냐하면 공산, 사회주의 정권이 북한에만 있는 것이 아니기 때문이다.

North Korea started the Korean War on June 25, 1950.
북한은 1950년에 6.25전쟁을 일으켰다.

▶ 남북관계가 악화되다: the North and South Korea relationship worsens

남북관계를 the North and South Korea relationship 또는 the inter-Korean relationship으로 표현하면 된다. '악화되다,' '나빠지다'에 해당하는 영어 동사표현은 'worsen' 'deteriorate' 'get worse' 등으로 쓴다.

<u>The North and South Korea relationship has worsened</u> ever since the recent diplomatic tensions.

최근 외교적 긴장사태 이후 남북 관계는 더욱 악화되었다.

▶ 남북관계가 경색되다: the relationship between the two Koreas strains

관계가 경색되었다는 말을 남북관계 뉴스에게 자주 접하게 된다. '경색'은 막힌다는 뜻이니 제대로 돌아가지 않는다는 부정적인 의미이다. 'strain' 또는 'become strained'라고 표현하기도 하고, the relationship has soured; the relationship strained 등으로 써도 된다.

<u>The relationships between the two Koreas strained</u> due to the recent military drills in the South.

최근 남한에서 진행된 군사훈련 때문에 남북관계가 경색되었다.

▶ 남북관계가 호전되다: the relationship between the two Koreas improves

호전되다는 'improve' 'get better' 'strengthen' 'grow more positive' 등으로 표현할 수 있다.

<u>The two Koreas' relationship has recently improved</u> as both of them

started engaging in diplomatic dialogues.
남북은 최근 외교적 대화를 시작하면서 관계가 호전되었다.

▶ 북한과의 관계를 정상화하다: normalize ties with North Korea

경색된 관계에서 분위기가 호전되면 관계를 정상화하는 수순을 밟는다. '정상화하다'를 영어로 'normalize ties with'라고 하거나 'mend relations with' 등으로 표현하면 된다.

South Korea agreed to discuss **normalizing ties with North Korea**.
남한은 북한과 관계 정상화를 위한 대화를 하기로 합의했다.

▶ 이산가족: the separated family; the dispersed family

분단의 아픔을 가진 이산가족은 남과 북의 영원한 숙제이다. 갈라진, 헤어진, 흩어진 가족이라는 의미로 separated, dispersed, divided family라고 표현한다.

The two Korean governments have worked on **the separated family** issue.
남과 북은 이산가족 문제를 해결하기 위해 노력해 왔다.

▶ 비무장지대: the demilitarized zone(DMZ)

남과 북의 분단 속에 무장충돌을 우려해 설치한 비무장지대를 일컫는다. 소위 북위 38도를 기준으로 한반도를 대충 나눴는데 그 바람에 우리는 38선을 기준으로 남과 북으로 갈렸다. 38선은 'the 38th parallel'이라 부른다.

The demilitarized zone, in short DMZ, serves as a buffer zone between North and South Korea.

비무장 지대, 즉 DMZ는 남북한 사이의 완충 지대 역할을 한다.

▶ 38선: the 38th parallel

위에서 설명한대로 위도 북위38선을 기준으로 한반도는 강대국 마음대로 남과 북으로 갈라졌고, 6.25전쟁을 치르고 나서 휴전선(truce line)을 그어서 군사분계선(the military demarcation line; MDL)을 정했다. MDL 양쪽으로 2km지역에 무장하지 않기로 합의 한 지역을 DMZ라고 부른다.

참고 용어:
- GP: Guard Post - 최전방 감시초소(DMZ안에 위치)
- GOP: General Out Post - 일반 전방초소(DMZ의 남방한계선 끝자락에 위치)
- FEBA: Forward Edge of the Battle Area - 전투지역전단
- The Civilian Control Line: 민통선 - 민간인 출입통제선

The superpowers divided Korea into the North and the South along the 38th parallel without any input from the Korean people.

강대국은 한국인의 그 어떤 의견도 구하지 않은 채 38선을 기준으로 한반도를 남과 북으로 분단시켰다.

▶ 북한의 군사도발: North Korea's military provocation

'도발'이란 집적거린다는 뜻이다. 그러니까 가만히 있는데 자꾸 건드려서 문제, 분란을 야기하는 것을 의미한다. 북한이 우리를 지속적으로 군사적으로

로 도발하는 행위가 끊이지 않는다. 영어로 '도발하다'를 'provoke' 명사로 'provocation'이라고 한다. 도발행위는 'provocative actions'
군사도발을 'military actions' 'military aggression' 'military maneuvers' 등으로 쓸 수도 있다. '무력도발'도 자주 접하게 되는데 'armed provocation'이라고 하면 된다.

North Korea's military provocation has raised tensions on the Korean peninsula.

북한의 군사 도발로 한반도의 긴장이 고조되었다.

▶ **도발 시 강력 응징하다**: respond firmly to the military provocation; confront ~ decisively; counteract robustly to

응징한다는 뜻은 강력하게 대처하겠다는 의미이다. 'respond firmly to' 라고 하거나 'counteract robustly to' 라고 하면 된다.

South Korea made a strong announcement to **respond firmly to North Korea's military provocation**.

남한은 북한의 군사도발에 단호하게 응징하겠다고 강력한 입장을 밝혔다.

▶ **격동하는 한반도 정세**: the rapidly changing situation on the Korean Peninsula

정세는 곧 상황을 의미한다. 우리 한반도(the Korean Peninsula)의 상황이 워낙 변화무쌍해서 격동한다고 표현하기도 하는데 이를 영어로 'rapidly changing'이라고 하면 된다.

The world is closely watching **the rapidly changing situation on the Korean Peninsula**.

온 세계가 격동하는 한반도 정세를 주시하고 있다.

▶ 돌이킬 수 없는 상황에 접어들다: reach a point of no return

돌이킬 수 없는 상황을 'an irremediable situation' 'an irretrievable situation'이라고 한다. 조금 덜 극단적으로 표현한다면 'an intractable situation' 'an unresolved situation'이라고 할 수 있다. 돌이킬 수 없다는 말 그대로 'a point of no return'이라고 하면 좋다.

The two Koreas **reached a point of no return** in their current situation.
남북관계는 최근 돌이킬 수 없는 상황에 접어들었다.

▶ 정전협정: a ceasefire agreement; armistice agreement

남과 북은 사실상 정전이 아니라 휴전상태이다. 아직도 왈가왈부하기도 하지만 남과 북은 엄밀히 전쟁을 끝낸 것이 아니라 잠시 멈춘 상태라는 것이다. 아무튼 그래서 영어로 'armistice' 또는 'ceasefire'라고 표현하고 우리말로는 정전협정이라고 한다. 정전협정의 공식명칭은 'Korean Armistice Agreement'라고 한다.

The two Koreas are currently in a state of ceasefire and observing the **Korean Armistice Agreement**.
남북은 현재 휴전상태이며, 정전협정을 준수하고 있다.

▶ 통일을 이루다: achieve unification; realize unification, reach unification

통일, 즉 하나되는 것을 'unification' 또는 'reunification'이라고 한다.

reunification이라고 하면 원래 하나였던 그대로 돌아간다는 뉘앙스를 풍기기 때문에 북한은 싫어할 수도 있는 표현이다.

The two Koreas are expected to **reach unification** sooner or later.

남과 북은 조만간 통일을 이룰 것으로 기대된다.

▶ 적대 행위: hostile action; hostilities

적대 행위는 호전적인 행동을 벌이는 것을 뜻한다. 영어로 'hostile action' 또는 'provocative maneuver' 'belligerent acts' 등으로 표현하면 된다.

North Korea continued its **hostile actions** to trigger heightened tensions on the Korean Peninsula.

북한은 적대행위를 계속해 한반도의 긴장을 고조시켰다.

▶ 적화통일: unification under communism

공산주의 체제로 하나되는 통일을 의미한다.

North Korea wants to achieve **unification under communism** while South Korea seeks unification under democracy.

북한은 적화통일을 남한은 민주통일을 추구한다.

▶ 대북 제재조치: sanctions against North Korea

sanctions는 복수로 써야 하고 우리말로 '제재' '제재조치'를 의미한다. 동시에 sanction은 동사로 '~을 허락하다'라는 뜻도 있으니 잘 살펴보아야 하는 단어이다. 하지만 북한 관련 뉴스에는 주로 sanctions로 제재의 의미로 사용된다고 봐도 무방하다.

The international community decided to impose **economic sanctions against North Korea**.

국제사회는 대북 경제 제재조치를 가하기로 결정했다.

▶ 대북 제재조치를 해제하다: lift the sanctions against North Korea

관계가 좋을 때는 제재조치를 해제하기도 하는데, 위에서 impose를 사용한 것과 반대의 의미로는 '들어올리다' '해제하다' 의 의미로 lift 또는 remove, end, revoke, suspend 등을 사용할 수 있다.

The United Nations decided to **lift its sanctions against North Korea** at the end of this year.

유엔은 올해 말에 대북 제재조치를 해체하기로 결정 내렸다.

▶ 한반도의 비핵화: the denuclearization of the Korea Peninsula

한반도는 북핵문제라는 큰 위협요인을 안고 있어, 전 세계의 초미의 관심사가 아닐 수 없다.

The two Koreas agreed to sign a joint declaration on **the denuclearization of the Korean Peninsula** in 1991.

남북한은 1991년 한반도 비핵화 공동선언에 서명하기로 합의했다.

핵무기와 관련한 뉴스가 잦은데 이와 관련해 자주 접하게 되는 몇 가지를 정리해본다.

북핵문제	North Korean nuclear issue
원자로	nuclear reactor
경수로	light-water nuclear reactor
핵연료봉	nuclear fuel rod
핵무기	nuclear weapons
대륙간탄도탄	ICBM Intercontinental Ballistic Missile
비핵화	denuclearization
국제원자력기구	IAEA International Atomic Energy Agency
핵확산방지조약	Nuclear Non-proliferation Treaty (NPT)
6자 회담	Six-party talks

▶ **한반도의 지속가능한 평화: sustainable peace on the Korean Peninsula**

'지속가능한'이란 표현은 정치인, 지도자 등이 정치, 환경, 안보, 과학 분야 등 다양한 분야에서 유지, 발전해 나갈 수 있도록 해야 한다는 취지로 즐겨 사용한다. 한반도의 평화 역시 일시적이지 않고 지속적이고 항구적이어야 한다는 취지로 '지속가능한 평화'를 사용한다. 이런 의미로 자주 사용되는 단어가 'sustainable' 'ever-lasting' 'long-lasting' 등이 있다.

South Korea seeks **sustainable peace** and stability on the Korean peninsula.

남한은 한반도의 지속가능한 평화와 안정을 추구한다.

2. 북한의 '위대한 영도자'

위대한 영도자는 북한이 김일성 주석, 김정일 국방위원장, 김정은 제1비서에게 붙인 호칭이다. 북한이 이를 어떻게 표현하는지는 북한이 어떻게 부르는지에 대한 정확한 정보는 조선중앙통신 다국어 서비스 웹페이지를 보면 된다. 단, 우리나라에서는 접속 자체가 불가하다. 아무튼 우리나라에 비해 북한이 사용하는 호칭은 낯설면서도 어딘가 모르게 촌스럽기도 하고 또 어떻게 보면 친근함이 묻어나기도 한다.

- '존경하는 ~ 대장 동지'
- '경애하는 지도자 동지'
- '위대한 영도자'
- '탁월한 수령'
- '최고 영도자'
- '원수님'
- '동지'
- '장군'
- '수령'
- '원수'
- '총비서'

이에 상응하는 영어표현을 정리하면 다음과 같다. 먼저 leader는 알다시피 지도자, 영도자의 의미이고, 위원장 등의 의미로는 'chairman'을 사용하다가 'president'라는 명칭을 사용[21]하기도 한다. 북한이 스스로 제대로 된 국가라고 한다면 chairman보다 president라는 영어 명칭이 더 어울린다는 정도는 잘 알게 된 것일지도 모른다.

위대한 영도자	Supreme Leader
노동당 위원장	Chairman of the Worker's Party of Korea
국무 위원장	Chairman of the State Affairs Commission
국무위 총비서	President of the State Affairs Commission
조선인민군 최고사령관	Supreme Commander of the Korean People's Army Commander in Chief
경애하는 수령	Respected Marshal
친애하는 지도자	Dear Leader

3. 조약, 협약, 협정…

국가, 정부, 정치, 기관 등이 거론되는 뉴스에는 여러 다양한 약속, 합의 등을 담은 문서에 서명을 하는 소식이 자주 등장한다. 어떨 때는 조약이라고 하고 협약이라고 하기도 하고, 협정은 무엇이고 등등 구분하기가 쉽지 않다. 이와 관련한 용어를 한글과 영어로 정리한다. 아래 내용은 외교부 누리집 내용[22]을 정리한 것이다. 용어의 명확한 정의가 필요하면 외교부 누리집을 참조하기 바란다.

조약	treaty
	국가간 가장 격식을 차린 정식 합의 문서
헌장	charter; constitution
	국제기구 구성, 특정제도 규율을 위한 합의
규정	statute
규약	covenant
협정	agreement
	조정이 그다지 어렵지 않은 사안에 대한 합의
협약	convention
	쌍방의 특정분야 입법적 성격의 합의
의정서	protocol
	기본 문서 개정, 보충 성격의 조약, 전문적 성격의 다자간 조약
각서교환	exchange of notes
	직접 서명하는 조약(treaty)과 달리, 직접 방문하지 않고 각서(note)를 주고 받으며 동의하고 합의하는 형식의 문서

양해각서	memorandum of understanding	

이미 합의된 내용 또는 조약 본문의 용어를 명확히 하기 위해 상호 양해된 사항을 확인, 기록하는 문서 또는, 독자적인 합의 사항 문서

합의각서	memorandum of understanding
약정	Arrangement
합의의사록	Agreed Minutes
잠정약정	Modus Vivendi
의정서	Act
최종의정서	Final Act
기관간 약정	agency-to-agency arrangement

정부기관 간에 체결되는 약정

4. 영어에도 폐하, 전하가 있다

정상 간의 회담 자리에서 의전은 너무나 중요하다. 그래서 의전은 공부하고 잘 익혀서 필요할 때 잘 활용하면 된다. 여기서는 의전보다 호칭에 대해서만 얘기한다. 우리말에서도 왕은 '전하'로 세자는 '저하'로 불렸고, 이승만 대통령때부터 대통령을 각하를 사용했고, 박정희 군사정권시절에는 장관급에 해당하는 호칭인 '각하'를 대통령에게만 한정해 사용하는 강압을 쓰면서 권위적 호칭을 독점했다. 그 뒤로 '대통령님'도 등장했는데 역시나 어색하다.

영국에 뿌리를 둔 미국 초기 정치인들도 초대 대통령인 워싱턴을 뭐라고 불러야 할지를 놓고 고민이 많았다. 오늘날 우리가 'President'라고 부르는 호칭은 원래 미국의 상, 하원에서 정한 정식 명칭을 완전히 줄여 놓은 것이다. 원래는 이렇다.

His Highness the President of the United States of America and the Protector of the Right of the Same[23]

도대체 뭐가 이렇게 길고 복잡한지… 원래 워싱턴이 대통령이 되기 전에 독립전쟁 당시 주변에서 그를 공식적으로는 'Your Excellency' 또는 편하게 'General'을 사용해 불렀다. 외교관 중 대사직을 가진 이들을 공식적으로 부를 때 오늘날에도 사용하는 표현이기도 하다. 그러니까 대통령이 되기 전에 Your Excellency라고 했는데, 이제 역사상 처음으로 선출된 대통령은 뭐라고 불러야 하는지 고민이 된 것이다. 참고로 왕족, 귀족 등의 뿌리를 가진 유럽풍의 권위적 호칭은 이렇다.

Your Majesty: 왕, 여왕, 폐하, 전하

Your Highness: 왕, 여왕, 왕자, 공주 등 왕족
Your Excellency: 국가수반, 고위관리, 대사, 주지사
Your Eminence: 추기경 등 고위 성직자

결국 그 뿌리를 떨쳐내지 못하고 'His Highness the President of the United States of America and the Protector of the Right of the Same' 라는 엄청난 호칭이 제안되었지만 의회, 특히 하원에서 앞, 뒤 다 잘라내고 'The President'만 남게 되었다. 영국의 왕정체제를 혐오하던 미국 신대륙의 정치인들에게 영국의 왕실을 떠올리게 하는 그런 사치, 호화, 권위주의적인 호칭은 다 버릴 수 밖에 없었다. 미국다운 선택이 아닐까 생각된다. 단, 면전에서 대통령을 부를 때는 'Mr. President' 또는 여성 대통령이라면 'Madam President'라고 하는 게 바람직하다. 참고로 왕과 여왕 면전에서 공식행사가 아니라면 왕은 'Sire' 여왕은 'Ma'am'이라고 부를 수 있다. 그게 존칭에 해당한다.

마지막으로, 호칭과 이름의 순서에 대해 정리한다. 영어와 한국어는 표현법이 다르기 때문이다. 우리는 'OOO 대통령'이라고 하지만, 영어는 순서가 반대이다. 모든 '호칭 + 성'의 순서로 표현한다.

President OOO	OOO 대통령
Ambassador OOO	OOO 대사
Senator OOO	OOO 상원의원
Governor OOO	OOO 주지사
Mayor OOO	OOO 시장
Judge OOO	OOO 판사
Professor OOO	OOO 교수

Mr./Ms. OOO, the lawyer	OOO 변호사
Mr./Ms. OOO, the prosecutor	OOO 검사

5. 대한민국 정부 부처 한글-영어 공식 명칭[24]

우리나라 정부의 각 부처의 한글과 영어 공식명칭은 정권이 바뀌거나 위상과 역할의 변화에 따라 변경된다. 정확하게 표현하자면, '정부조직법'[25]에 의거 중앙행정기관의 설치와 직무범위를 법률로 정하는 것으로 되어 있다. 정부조직법에 따라 '부(部)' '처(處)' '청(廳)'을 설치해 운영하는데 먼저 부(部)는 대통령 및 국무총리의 통할 하에 고유의 국가행정사무를 수행하기 위해 기능별 또는 대상별로 설치한 기관이다. 처(處)는 국무총리 소속으로 설치하는 중앙행정기관으로서 여러 부에 관련되는 기능을 통합하는 참모적 업무를 수행하는 기관이다. 마지막으로 청(廳)은 행정각부의 소관사무 중 업무의 독자성이 높고 집행적인 사무를 독자적으로 관장하기 위하여 행정각부 소속으로 설치되는 중앙행정기관이다.[26]

우리나라 각 정부기관의 명칭에서 부, 처, 청, 실, 위원회 등을 영어로 표현할 때 사용하는 어휘를 간략하게 정리했다. 우선 '부'는 보통 the Ministry of OOO, 또는 the OOO Ministry로 나타낸다. 국무총리실 산하에 설치되는 처의 경우 부와 마찬가지로 Ministry를 사용한다. 예를 들어 법제처와 식품의약품안전처의 경우 모두 'the Ministry'라는 영어 명칭을 사용한다. 청의 경우 'Service'가 주로 사용되며 Administration, Agency, Office 등도 사용되고 있다. 문제는 왜 영어 명칭에 그런 차이가 있는지에 대한 설명이 없다는 점이다.

- OOO부: Ministry
- OOO처: Ministry
- OOO청: Service

	Agency
	Office
	Administration
• OOO실:	Office
• OOO위원회:	Commission

아래 공식명칭은 각 부처의 개별 홈페이지에서 발췌한 것이며, 괄호안의 약자는 각 부처에서 사용하는 것을 최대한 기록했다. 그러나 일부 기관은 공식적으로 사용하는 약어가 불분명한 경우도 있어 국내 영자신문 자료를 참조해 넣거나 없는 경우에는 생략했다.

대통령실	Office of the President
대통령경호처	Presidential Security Service(PSS)
감사원	The Board of Audit and Inspection of Korea(BAI)
국가정보원	National Intelligence Service(NIS)
방송통신위원회	Korea Communications Commission(KCC)
고위공직자범죄수사처	Corruption Investigation Office for High-Ranking Officials(CIO)
국가인권위원회	National Human Right Commission of Korea(NHRCK)
국무총리비서실	Prime Minister's Secretariat

국무조정실	Office for Government Policy Coordination
인사혁신처	Ministry of Personnel Management(MPM)
법제처	Ministry of Government Legislation(MOLEG)
식품의약품안전처	Ministry of Food and Drug Safety(MFDS)
공정거래위원회	Fair Trade Commission(KFTC)
국민권익위원회	Anti-Corruption & Civil Rights Commission(ACRC)
금융위원회	Financial Services Commission(FSC)
개인정보보호위원회	Personal Information Protection Commission(PIPC)
원자력안전위원회	Nuclear Safety and Security Commission(NSSC)
기획재정부	Ministry of Economy and Finance(MOEF)
국세청	National Tax Service(NTS)
관세청	Korea Customs Service(KCS)
조달청	Public Procurement Service(PPS)
통계청	Statistics Korea(KOSTAT)
교육부	Ministry of Education(MOE)
과학기술정보통신부	Ministry of Science and ICT(MSIT)
외교부	Ministry of Foreign Affairs(MOFA)

재외동포청	Overseas Koreans Agency(OKA)
통일부	Ministry of Unification
법무부	Ministry of Justice(MOJ)
검찰청	Supreme Prosecutors' Office(SPO)
국방부	Ministry of National Defense(MND)
병무청	Military Manpower Administration(MMA)
방위사업청	Defense Acquisition Program Administration(DAPA)
행정안전부	Ministry of the Interior and Safety(MOIS)
경찰청	Korean National Police Agency
소방청	National Fire Agency(NFA)
국가보훈부	Ministry of Patriots and Veterans Affairs(MPVA)
문화체육관광부	Ministry of Culture, Sports and Tourism(MCST)
문화재청	Cultural Heritage Administration(CHA)
농림축산식품부	Ministry of Agriculture, Food and Rural Affairs(MAFRA)
농촌진흥청	Rural Development Administration(RDA)
산림청	Korea Forest Service(KFS)
산업통상자원부	Ministry of Trade, Industry and Energy(MOTIE)

특허청	Korean Intellectual Property Office(KIPO)
보건복지부	Ministry of Health and Welfare(MOHW)
질병관리청	Korea Disease Control and Prevention Agency(KDCA)
환경부	Ministry of Environment(ME)
기상청	Korea Meteorological Administration(KMA)
고용노동부	Ministry of Employment and Labor(MOEL)
여성가족부	Ministry of Gender Equality and Family(MOGEF)
국토교통부	Ministry of Land, Infrastructure and Transport(MOLIT)
행정중심복합도시건설청	National Agency for Administration City Construction(NAACC)
새만금개발청	Saemangeum Development and Investment Agency(SDIA)
해양수산부	Ministry of Oceans and Fisheries(MOF)
해양경찰청	Korea Coast Guard(KCG)
중소벤처기업부	Ministry of SMEs and Startups(MSS)

VI. 선거 뉴스

핵심표현
당선사례 예시
우리나라 정당 명칭
민주당은 당나귀, 공화당은 코끼리

선거(election) 뉴스

선거는 누군가를 어떤 자리에 선출하는 공식적인 행위이다. 보통 구청장, 시장, 도지사, 국회의원, 대통령과 같은 공직자를 선출하는 투표가 가장 먼저 떠오른다. 이와 관련된 가장 일반적으로 떠오르는 단어 및 표현을 정리해보자.

1. 핵심표현

▶ 출마하다: run for ~

~ 을 위해서 달리다. 선거에 출마하면 정말 죽기 살기로 뛰어야 한다.

Mason plans to **run for** the National Assembly election.

메이슨은 국회의원에 출마할 계획이다.

The National Assembly: 대한민국 국회
(the Congress: 미국 국회, the Parliament: 영국 등의 의회)

▶ 선거공약: campaign pledges

선거에 나선 후보들은 유권자들에게 정말 많은 약속을 다짐한다. 약속의 의미로 'promise', 'pledge', 'commitment' 등을 사용해 an election promise, a campaign commitment라고도 한다.

He announced his **campaign pledges** to the voters.

그는 유권자들에게 선거 공약을 발표했다.

▶ 선거 유세하다: go on the stump

stump는 나무의 그루터기, 즉 큰 나무를 잘라 아주 단단해 보이는 밑 둥 부분을 뜻한다. 사람들이 잘 볼 수 있도록 나무 그루터기 위에 올라 연설하던 모습

에서 'on the stump'라는 표현이 탄생한 것이다.

He **went on the stump** in the downtown today to appeal to the floaters.

그는 오늘 시내에서 선거유세에 나서 부동층 유권자들에게 지지를 호소했다.

floaters: 부동층 유권자

▶ 투표하다: cast one's ballot; ballot; vote

투표(投票)는 국민의 권리 한 표를 행사하는 것이다. 영어로 vote, ballot은 명사와 동사로 모두 사용한다.

I decided to **vote for** No. 1 candidate.

기호 1번 후보를 뽑기로 했어.

Young voters are expected to **cast their ballots** to seek for **changes in government**.

젊은 유권자들은 정권교체를 위해 투표할 것으로 예상된다.

changes in government: 정권교체

▶ 조기투표: early voting

조기투표 또는 사전투표의 인기가 높다. 선거 당일에는 여행, 휴식 등을 하고 미리 시간을 내 투표일의 번잡함을 피할 수 있으니 일석이조라 할 수 있다. 그런 조기투표를 early voting; advance voting, pre-poll voting, prior balloting 등으로 표현한다.

Early voting started at polling stations across the country.

조기투표가 전국의 투표소에서 시작되었다.

early voting: 조기투표

▶ 후보를 사퇴하다: withdraw from the election; withdraw one's candidacy; resign from the election

'물러나다', '사퇴하다'를 영어로 withdraw라고 한다. 돈을 인출할 때도 withdraw money라는 말을 쓰는데, '거둔다'는 의미이다. 그래서 withdraw one's candidacy라고 하면 선거에서 후보를 거두다, 선거후보에서 사퇴한다는 의미가 된다.

It was shocking to voters as Mason, the strong candidate, voluntarily **withdrew from the election**.

유망한 후보인 메이슨이 스스로 선거 후보에서 물러나기로 했다는 사실을 유권자들에게 충격을 주었다.

▶ 득표하다: win a vote

'표를 얻다'라는 의미로 동사 win을 사용한다. win은 이기다의 의미로 생각하지만 '~을 얻다, ~을 가지다'라는 의미가 더 어울린다.

Mason has won a majority of votes among those who voted in person in the early voting.

메이슨은 사전투표에 직접 참여한 유권자의 과반수를 득표했다.

a majority of ~: 과반수의

vote in person: 직접 투표하다

▶ 압승하다: win by a landslide, win an overwhelming victory (against ~); earn an overwhelming victory

압도적인 표 차이로 선거에서 이기는 것을 압승이라고 표현한다. 말 그대로 상대 후보를 압도했다는 뜻이다. 그래서 영어로도 "~ 압도하다'의 의미로 overwhelming victory 또는 crushing victory; sweeping victory라고 표현하기도 한다.

Mason **won the election by a landslide**.
메이슨은 선거에서 압승했다.

He **won a sweeping victory** against the other candidates.
그는 다른 후보를 제치고 압승했다.

▶ 낙승하다: win an easy victory; win an election hands down

'룰루랄라'하며 아주 손쉽게 선거에서 이기는 경우 easy election 또는 an election hands down이라고 한다. 손을 내려놓고도 이긴다는 의미이다.

The Democratic Party **won the election hands down**.
민주당은 선거에서 낙승했다.

Mason **won an easy election** to serve four years as mayor.
메이슨은 4년 임기의 시장 선거에서 낙승했다.

▶ 신승하다: win by a narrow margin; win by a nose; win by a close margin

간신히, 겨우 이기는 것을 '신승'이라고 표현하는데, 표 차이가 얼마 나지 않는 의미로 'by a narrow margin' 'by a close margin' 등으로 표현한다. 재미있는 표현으로 'win by a nose'는 경마 경주에서 말의 코 차이로 이긴다는 말에서 유래한 것이다. 정말 가까스로 이긴다는 느낌이 든다.

No. 2 candidate **won the election by a narrow margin** of just 100 votes.
2번 후보가 겨우 100표 차이로 선거에서 신승했다.

The female candidate **won the election by a nose**, and her supporters said, "a win is a win."
여성 후보는 간발의 표차이로 선거에서 이겼고, 그녀의 지지자들은 어쨌든 이긴 건 이긴 거라고 말했다.

▶ 부재자 투표: absentee voting

absentee는 결석한 사람, 그 자리에 없는 사람을 뜻한다. 그런 부재자들도 투표를 할 수 있도록 우편투표(mail voting)나 사전투표(early voting)로 선거권을 행사할 수 있다.

Overseas Koreans can cast ballots by **mail or absentee voting**.
해외 거주 한국인도 우편이나 부재자 투표로 투표를 할 수 있다.

▶ 투표 참여율: voter turnout

turnout은 참가자수의 뜻으로, 유권자 참가자 수, 즉 투표 참여율을 의미한다.

Our latest general election saw the first-highest youth **voter turnout** in almost four decades.
최근 총선은 지난 40년만에 사상 최고의 청년 투표 참여율을 기록했다.

▶ 개표하다: count ballots; tabulate votes

투표가 끝나고 결과를 위해 개표한다고 하는데, 표를 세는 과정이라 영어로 간단히 count ballots 또는 tabulate votes라고 한다.

Authorities concerned have started **counting ballots** as scheduled.

관계당국은 일정대로 개표를 시작했다.

authorities concerned: 관계당국
as scheduled: 일정대로

▶ 수개표: hand-counting

개표과정에서 여러가지 문제로 인해 재확인을 위해 기계가 아니라 손으로 눈으로 직접 일일이 확인하는 개표를 수개표라고 부른다. 영어로 hand-count를 동사로 사용하기도 하고 명사로 hand-counting이라고도 한다.

The government decided to **hand-count ballots** in the next general election.

정부는 다음 총선에서 수개표를 하기로 결정했다.

▶ 선관위: the election committee

선거의 모든 것을 담당하고 책임지는 정부기관으로 우리나라는 중앙선거관리위원회라고 부르고 영어로는 the Central Election Management Committee라고 한다.

The Central Election Management Committee of Korea is responsible for overseeing elections and ensuring that they are legally watertight.

한국의 중앙선거관리위원회는 선거 감독과 완벽한 선거 시행을 책임진다.

▶ 당선되다: be elected

당선은 선거에서 뽑힌다는 의미이다. 그래서 선출되었다는 의미로 'be

elected'로 표현한다.

She **was elected** mayor by the largest number of votes.

그녀는 최다 득표로 시장에 당선되었다.

Mason **was elected to** the National Assembly at the election.

메이슨은 선거에서 국회의원에 당선되었다.

▶ **탈당하다**: leave a party; resign from a party; abandon a party; bolt from a party

선거때만 되면 탈당과 창당이 줄을 잇는다. 떠난다는 의미로 간단히 'leave' 'resign from' 등을 사용할 수 있고, 탈당이 너무나 갑작스럽고 뜻밖의 일이라는 경우라면 'bolt from ~'이라고 하면 된다.

The five-term lawmaker surprisingly announced to **bolt from the ruling party** before the election.

5선 의원은 선거 이전에 여당을 탈당하겠다고 깜짝 발표를 했다.

▶ **선거 현수막**: campaign banners; election banners

선거때만 되면 온통 거리에 현수막이 짜증날 정도로 가득하다. 현수막은 영어로 banner라고 부른다.

Election banners are a staple in any political campaign.

선거 현수막은 모든 정치 선거에서 필수이다.

Voters usually learn of candidates through the **campaign banners**.

유권자들은 선거 현수막을 보고 유권자를 알게 되는 경우가 대부분이다.

▶ **총선**: general election; parliamentary election

4년마다 치르는 지방 선거 중에서 국회의원 총선거를 줄여서 총선이라고 부른다.

Both ruling and opposition parties are devoting all their might for the upcoming **general election**.

여당과 야당은 다가오는 총선을 위해 총력을 다하고 있다

▶ **대선**: presidental election

5년마다 우리나라는 대통령을 선출한다. 이를 줄여서 대선이라고 표현한다.

More voters in their early 20s turned out for the **presidental election**.

더 많은 20대 초반 유권자들이 이번 대선에 투표했다.

▶ **지방선거**: local election; regional election; provincial election

지방선거는 4년마다 열리는데 지역의 일꾼, 시장, 도지사, 구청장 각 지역의 기초, 광역 자치단체장을 선출한다.

South Korea will vote this week in both **local and parliamentary elections**.

한국은 이번 주에 지방선거와 총선을 치른다.

▶ **보궐선거**: by-election

선출된 의원, 단체장 등이 직위를 상실해 공석 상태가 되어 치르는 선거이다.

보궐이란 결원이 생겨 그 빈자리를 채운다는 의미이고, 보궐선거를 줄여서 '보선'이라고 한다. 흔히 재보궐선거라고 하는데, 재선과 보궐선거를 합친 표현이다. 재선(reelection)은 후보가 없거나, 선거가 무효 처리되어 선거를 다시 하는 경우이다.

The professor-turned candidate clinched a landslide victory in the **by-election** to elect the city mayor.

교수출신 후보는 시장을 선출하는 보궐선거에서 압도적인 승리를 했다.

2. 당선사례 예시

선거가 끝나고 나면 온통 거리에 소위 '당선사례'라는 의미를 담은 현수막이 눈살을 찌푸리게 만든다. 당선사례도 모자라 '낙선사례'라는 정말 말도 안 되는 현수막도 나붙는다. 안 뽑아줘서 고맙다는 말이 정말 나온다면 대단한 정치인이 아닐까?

아래는 영어권 국가에서 선거 후 당선사례의 의미를 전하는 영어문구이다.

- Thank You for Your Vote! Together, We Make a Stronger Community
- Thank You, Voters! Your Votes Shape Our Tomorrow
- Grateful for Your Support - A New Chapter Begins
- The Power of the People: Thank You for Your Confidence
- Our Community, Our Future - Thank You for Your Trust
- Honored and Humbled: Thanks for Your Votes
- Together We Win: Appreciating Your Support in Every Vote
- From Ballot to Victory: Thank You, Our Amazing Community
- In Unity, We Succeed - Thank You for Your Votes
- Our City, Our Voice - Gratitude for Your Election Support
- For Every Voter, A Sincere Thank You
- Heartfelt Appreciation: Thank You for Choosing Progress

A Big Thank You

Thanks, voters

My Hearty Thanks to Voters

Thanks for your support

3. 우리나라 정당명칭

　우리나라 정당 이름을 영어로 정리해 보려다 하지 않기로 한다. 그 이유는 해봐야 또 바뀌고 그 나물에 그 밥인 정치판에서 간판 바꾸는 일에 동참하는 것 같아서다. 다만, 지난 1950년부터 현재까지 정당 명칭에 자주 등장한 단어 몇 가지만 살펴본다. 광복 초기에는 민족, 인민, 자주, 사회 등의 명칭도 흔했는데 남북이 갈린 후에는 국민, 공화, 통일, 민주, 자유 등이 흔하다. 여기에 '새~' '신~'을 접두사로 붙여서 변신을 꾀하지만 이름만 그렇다. 여기에 더해 국민참여, 국민의힘, 새누리당, 바른정당, 통합진보, 민주통합, 새정치민주연합, 더불어민주당 등 정당 이름이 길어지거나 순수 한글을 혼용하기도 한다. 우리나라 정당 이름에 비교적 자주 사용되는 단어는 People; Nation; National; Liberty; liberal; Democracy; Democratic 등이고, 상대적으로 보수와 진보로 느껴지는 공화(republic), 자유(liberal), 진보(liberal) 등은 조금 빈도가 적어진다. 군소정당의 경우 환경(green), 노동(labor), 복지(welfare) 등을 내세우기도 한다.

　우리나라의 정당 설립은 자유이며, 복수정당제를 추구한다. 요건만 갖춰 신고하면 누구나 설립할 수 있다. 정당법은 정당의 요건으로 5곳 이상의 시도당을 명시하고 있다. 역사상 등록되었던 정당은 무려 200개가 넘지만, 실제 일반인에게 보이는 정당은 얼마되지 않는다. 총선을 치룰 때 마다 간판을 바꾸는 건 어제 오늘 얘기만은 아니다.
　영국은 100년 넘은 보수당Conservative Party과 노동당Labor Party이 그리고 미국의 경우 공화당Republican Party과 민주당Democratic Party이 거의 200년에 가까운 역사를 자랑한다. 우리나라는 보수인지 진보인지 도대체 무엇을 위한 정당인지를 이름에서 알기 어렵다. 우리나라는 크게 보수정당, 민주당계 정당, 진보정당으로 나눌 수 있다.[27] 정치학을 공부하는 게 아니니 이 정도로 그치지만 참으로 답답한 노릇이다. 이름에 의미를 두지 말고 정당의 역할과 국민과 나라의 미래에 의미를 둬 100년 이상 이름이 바뀌지 않는 정당이 필요하다.

4. 민주당은 당나귀, 공화당은 코끼리

학교나 기관의 상징으로 용맹하고 지혜롭고 멋진 동물을 떠올리기 마련이다. 용, 호랑이, 곰 등은 특히 동양에서 좋아하는 상징성 많은 동물이고, 서양에서는 독수리, 사자, 곰 등이 전설과 신화에 단골로 등장한다. 그렇다면 정치 세계, 특히 미국의 정당 정치에서 수백 년 동안 인기를 누리고 있는 민주당과 공화당 뉴스, 특히 선거철 뉴스에서 주로 등장하는 동물이 바로 '당나귀'jackass와 '코끼리'elephant이다. 영국의 보수당이나 노동당, 프랑스의 사회당과 공화당 등의 경우 모두 동물을 상징으로 만들지는 않았다. 그렇다면 어떤 이유에서 미국의 양대 정당은 다른 동물도 아닌 당나귀와 코끼리를 상징으로 삼게 된 걸까?

Democrats = Donkeys

먼저 민주당의 당나귀는 1828년으로 거슬러 올라간다.[28] 대통령선거에 출마한 민주당의 앤드류 잭슨Andrew Jackson은 경쟁 상대가 자신을 미련하고 고집불통의 당나귀jackass라고 비난했다. 그런 비난을 오히려 선거 유세에서 포스터로 활용했고, 결국 민주당 최초로 미국 대통령 자리까지 올랐다. 그런 상징이니 절대 내버릴 일은 없을 것이다. 당나귀는 성경에서 '평화'peace과 '보통'ordinariness의 상징이다. 가장 평범하고 천한 것을 들어 쓰시는 하나님의 능력에 대한 그런 믿음이 민주당을 지탱하고 있는지도 모른다. 아무튼 이렇게 시작된 당나귀는 토마스 내스트Thomas Nast라는 풍자만화가가 1870년 하퍼스 위클리Harper's Weekly에 민주당을 당나귀에 비유하면서 본격적으로 시작되었다.

Republicans = Elephants

공화당의 상징인 코끼리의 등장은 1864년 아브라함 링컨Abraham Lincoln이 공화당의 리더로 앞장서게 된 이후부터 등장했다. 남북전쟁Civil War에서 승리한 링컨은 승리의 상징이자, 당시 사용하던 표현 중에 라는 말이 전투에 참가하다는 의미로 사용하던 'seeing the elephant'말이 선거를 포함한 모든 선거에서 승리하는 것을 의미하는 셈이 되었다. 당나귀를 이용해 풍자했던 같은 만화가가 1872년 공화당의 상징으로 코끼리를 신문에 그리면서 사람들에게 코끼리와 공화당을 함께 연상하기 시작한 것이다.

VII. 전쟁 뉴스

핵심표현
뉴스에 자주 등장하는 무기
전쟁의 원인
역사 속 주요 전쟁

전쟁 뉴스(War News)

휴전상태인 우리나라는 전쟁이라는 말에 덤덤한지 모르겠다. 지구 곳곳에서 전쟁은 언제나 벌어진다. 우리 인류 역사상 전쟁이 없었던 시기는 인류 역사 약 3,400여년 중 268년 정도밖에 되지 않는다고 한다.[29] 역사에서 90% 이상의 기간 동안 우리는 전쟁 속에서 살아 온 셈이다. 종교 갈등, 이념과 사상 대립으로 인해 갈등을 빚다가, 이제는 무역분쟁으로 바람 잘 날이 없다. 그런 전쟁 관련 뉴스에서 자주 접하게 되는 어휘와 표현을 정리했다.

1. 핵심표현

▶ **전운이 감돌다**: war clouds hang over ~ ; war clouds loom over ~

폭우가 쏟아지기 전에 먹구름이 드리우듯 '전운' 문자 그대로 전쟁 구름이 드리운 분위기를 묘사한 것이다. 또는 'the threat of a war' 전쟁 위협이 느껴진다는 의미로, 'The threat of a war is palpable across the Korean Peninsula.' 또는 'war clouds loom over the Korean Peninsula'라고 표현해도 좋다.

<u>War clouds hang over</u> the Korean Peninsula.
한반도에 전운이 감돈다.

▶ **전쟁이 발발하다**: a war breaks out ~

전쟁이 터지다, 발발하다 등에 해당하는 영어 표현은 'break out'이다. 즉 긍정적이지 않고 반갑지 않은 일 등이 갑자기 발생하는 것을 의미하며, 감옥 등에서 탈주, 탈옥하는 것을 의미하기도 한다.

A war broke out between the two countries over territorial disputes.
영토분쟁으로 인해 양국 간 전쟁이 발발했다.
비슷한 표현: '전쟁이 터지다'
- A conflict erupted ~
- Warfare ensued ~
- Tensions escalated into war
- Military engagement initiated ~

▶ ~와 전쟁을 하다: fight against ~; go into war against ~; wage war against ~

North Korea threatened to wage war against South Korea.
북한은 남한과의 전쟁을 벌이겠다고 으름장을 놓았다.

▶ 포격/폭격하다: shell (bombs)

전쟁이 터지면 폭탄이 비오 듯 쏟아지며 원거리에서 서로 미사일 등의 포 공격이 이뤄진다. '포격하다'라는 표현을 간단히 'shell ~'이라고 하면 된다. 폭탄은 bomb, explosive 등으로 표현한다.
'폭탄을 퍼붓는다'라고 하면 'rain bombs'
The enemy shelled the capital city over night.
적군은 밤 새 수도를 폭격했다.
= The enemy dropped bombs on the city.
= The enemy rained bombs at the city.

▶ **공습하다**: make an air strike against ~; launch an air raid against ~

공습을 air strike, air raid

The enemy **made a sudden air strike against** the military headquarters.

적은 군사령부에 갑작스런 공습을 감행했다.

▶ **전쟁이 격화되다**: a war is intensifying; a war grows severe

격화라는 뜻은 '격렬해진다'는 의미이다.

intensify; grow severe; escalate; worsen; deteriorate등으로 표현할 수 있다.

The war in the Middle East **is intensifying**

중동 전쟁이 격화되고 있다.

= The war in the Middle East **is heating up**.
= The war in the Middle East **is growing more intense**.

▶ **사상자 수가 ~에 달하다**: the number of casualties reaches ~

전쟁으로 인해 죽거나 부상당한 사람들이 생겨날 수 밖에 없어 뉴스에 온통 그런 보도가 이어진다. 영어로 'casualties' = the killed and wounded 라고 표현한다.

The number of casualties reached hundreds of thousands.

사상자 수가 수십만 명에 달했다.

= **The casualty count has surged to** hundreds of thousands.

▶ 극심한 피해가 발생하다: ~ cause extensive damage to ~

전쟁이 발생하면 그 결과는 참혹하다. 그래서 인적, 물적 피해가 극심하다. 이를 영어로 'extensive damage' 'heavy damage' 'severe damage'라고 하면 된다.

The war **caused extensive damage to** hospitals and schools near the capital city.

전쟁으로 수도 근처의 병원과 학교에 극심한 피해가 발생했다.

= The The war **left heavy damage to** hospitals and schools near the capital city.

▶ 계엄령을 선포하다: declare a martial law

전쟁 등으로 인해 사회 질서 유지를 위해 군부가 중심이 되어 행정권, 사법권 일부를 책임지는 상황을 계엄령이라고 한다. 그래서 martial law라고 한다. impose a martial law 또는 declare a martial law라고 표현하면 된다.

The government **declared a martial law** because of the ever-worsening war.

정부는 계속 악화되는 전쟁으로 인해 계엄령을 선포했다.

▶ 전쟁 피난민: war refugees

refugee는 정치, 종교, 자연재해를 포함, 전쟁으로 인한 난민을 뜻한다. 구체적으로 '전쟁 난민'이라고 하려면 'war refugees'라고 해야 정확하다.

Tens of thousands of **refugees have been displaced** as a result of the war.

전쟁으로 인해 수만 명의 난민이 발생했다.

▶ 피난가다: flee a war; seek refuge from a war

'피난' 말 그대로 전쟁을 피해 어디론가 피신한다는 뜻이다. '달아나다' '도망 가다'를 뜻하는 동사 'flee'를 사용해 'flee a war' 또는 'be displaced by a war' 'seek refuge from a war' 등으로 표현할 수 있다.

Countless number of people fled the war.
무수히 많은 사람들이 피난 길에 올랐다.
= Countless number of people sought refuge from the war.
= Countless number of people were displaced by the war.

▶ 화약고: a tinderbox; a powder keg; a flash point

중동의 화약고라는 말이 익숙한데 화약고는 일촉즉발의 상황을 야기할 수 있는 위험천만한 상황을 보이는 지역을 의미한다. 부싯깃, 불쏘시개를 뜻하는 'tinder'를 사용해 tinderbox 또는 화약이 가득한 통의 의미로 'powder keg'이라고 부른다. 뉘앙스가 조금 다르지만 breeding ground도 비슷한 뜻으로 사용할 수 있다.

The Korean peninsula is often referred to as the tinderbox in Northeast Asia due to North Korea's nuclear threats.
북한의 핵 위협으로 인해 한반도는 종종 동북아시아의 화약고로 불린다.

▶ ~ 이/가 폐허가 되다: ~ fall into ruin; sink into destruction

폐허는 'ruin'이라 표현하면 된다. 전쟁으로 찢겨 폐허가 된 등의 의미로

'war-torn region'이라 표현한다.
Half of the country **fell into ruin** due to the worsened military conflicts.
악화된 무력 분쟁으로 인해 국토의 절반이 폐허가 되었다.

▶ **보복 공격을 감행하다**: launch a retaliatory strike; make a revenge attack

보복, 복수의 의미로 retaliation, revenge, vengeance, retribution 등을 사용하면 된다.

보복공격: retaliatory attack, retaliatory strike, vengeance operation' retribution assault

The allied forces vowed to **launch a retaliatory strike against** the rebels.
연합군은 반군에 대한 보복 공격을 하겠다고 다짐했다.

▶ **휴전에 합의하다**: agree to a ceasefire

교전, 전쟁을 잠정 중단하는 것을 휴전이라고 하고, 영어로 truce 또는 ceasefire라고 표현한다.

The warring parties finally **agreed to a ceasefire**.
전쟁 당사자들은 마침내 휴전에 합의했다.

= The warring parties finally **reached a ceasefire agreement**.
= The conflicting parties finally **agreed to accept a truce**.

▶ **전쟁을 중재하다**: mediate a war; intervene in a war

'중재하다'에 해당하는 영어 표현은 'mediate' 또는 'intervene in~'이라고 하면 된다.

The United Nations attempted to **mediate the war** and worked towards a peaceful resolution.

유엔은 전쟁 중재를 시도하고 평화적 해결을 위해 노력했다.

= The United Nations attempted to intervene in the war ~
= The United Nations acted a mediator in the war ~
= The United Nations played a role as a mediator in the war ~

▶ 구호물품: relief goods; relief supplies

relief 는 구호, 원조의 뜻으로 relief goods라고 하면 구호물품을 의미한다. 'humanitarian aid' 'relief supplies'라고 표현할 수도 있다.

International Committee of the Red Cross sent **relief goods** to the civilians in the war-torn region.

국제적십자위원회는 전쟁으로 폐허가 된 지역의 민간인들에게 구호품을 보냈다.

▶ 전쟁 억지력: war deterrent force; deterrent power

'억지'는 ~을 못하게 억누른다는 의미이고, '억제'는 일정 수준 이상 넘어서지 못하게 조절한다는 의미이다. 그래서 핵 억지력(nuclear deterrent force), 전쟁 억지력(war deterrent force) 등의 표현을 사용한다.

The deterrent force on the Korean Peninsula helps maintain peace and stability.

한반도의 전쟁 억지력은 평화와 안정을 유지하는 데 도움이 된다.

▶ 평화유지군을 파견하다:

유엔의 평화유지군은 분쟁지역에서 평화 협정 이행을 위한 군인이다.
공식 명칭은 the UN Peacekeeping Forces이다.
The Unite Nations **dispatched its Peacekeeping Forces** to the conflict zone to help maintain peace and protect civilians.
유엔은 평화 유지와 민간인 보호를 위해 분쟁 지역에 평화유지군을 파견했다.

▶ 병력을 철수하다: withdraw military forces

병력을 '**military strength**' '**troops**' '**forces**' 등으로 표현한다.
전쟁이 발발하면 병력을 동원하고, 배치하고, 또 증강하고, 투입하고, 필요하면 철수하기도 한다.
The President finally decided to withdraw military forces as the allied forces declared victory.
연합군이 승리를 선언하자 대통령은 마침내 병력 철수를 결정했다.

▶ 전세가 불리해지다: the war situation changed against ~ ; the war turned unfavorably for ~

전쟁 상황이 바뀌면서 ~에게 기울거나 '불리해지다'라고 표현하는데 이를 'change against ~'로 나타낼 수 있다.
The war situation changed against the enemy.
전세가 적에게 불리해졌다.
= The war turned unfavorably for the enemy.

▶ 전쟁포로: a prisoner of war; POW

전쟁이 끝나면 포로들은 자국으로 송환되는 경우가 일반적이다.
전쟁포로를 줄여서 'POW'라 하는데 'prisoner of war'의 줄임말이다.
After the war, **the prisoners of war** were repatriated to their home countries.
전쟁이 끝난 후 전쟁 포로들은 본국으로 송환되었다.

▶ 전후복구 활동을 하다: work for the postwar recovery; post-conflict recovery process;

전쟁포로를 줄여서 'POW'라 하는데 'prisoner of war'의 줄임말이다.
Civilian, officials, and soldiers started **working together for the post-war recovery**, aiming to restore stability in the country.
민간인, 공무원, 군인들이 전후 복구를 위해 협력하여 국가의 안정을 되찾기 위해 노력하기 시작했습니다.
= Civilian, officials, and soldiers started engaging in rebuilding efforts after the war.
= Civilian, officials, and soldiers started undertaking restoration activities following the war.

▶ 전쟁의 상흔을 지우다: erase the scar of the war; heal the wounds of war

상흔은 상처를 의미한다. scar라고 표현해도 되고 또는 전쟁이 남긴 traces, wounds 등으로 나타낼 수 있다.
People made efforts to **erase the scar of war**.

사람들은 전쟁의 상흔을 지우려고 애썼다.

= People endeavored to **heal the wounds of war**.

= People worked hard to **remove the traces of war**.

2. 뉴스에 자주 등장하는 무기

다양한 무기(firearms)와 폭발물(explosives) 등이 전쟁도 아닌데 뉴스에 등장하는 일이 비일비재하다. 이런 것 까지 알아야 하나 싶지만, 뉴스에 자주 등장하는 다양한 개인화기, 군사용 무기, 폭발물, 미사일 등을 아래와 같이 정리해본다.

몽둥이	club; cudgel; stick
칼	sword
단검	dagger
마체테(대형칼)	machete
창	spear
테이저 건	taser
후추 스프레이	pepper spray
권총	handgun
소총	rifle
공격용 소총	assault rifle
기관총	machine gun
자살 조끼	suicide vest
수류탄	grenade; hand grenade
로켓추진 수류탄	rocket-propelled grenade
바주카포	bazooka
폭탄	bomb
사제폭발물	improvised explosive device (IED)
비료폭탄	fertilizer bomb

지뢰	mine
대포	cannon; artillery
박격포	mortar
곡사포	howitzer; high-angle gun
탄도탄	ballistic missiles
유도탄	guided missile
크루즈미사일	cruise missiles
대륙간 탄도탄	intercontinental ballistic missile (ICBM)
대전차포	antitank artillery
장갑차	armored car; armored vehicle armored personnel carriers (APC)
탱크	tank
초계함	patrol ship; patrol frigate
초계기	patrol plane
전투기	combat plane; fighter
전폭기	bomber; fighter-bomber
함포	naval gun
어뢰	torpedo
대함미사일	anti-ship missile (ASM)
원자폭탄	atomic bomb; A-bomb
수소폭탄	hydrogen bomb; H-bomb
전자폭탄(EMP탄)	electronic bomb electronic magnetic pulse bomb High Powered Microwave Beams (HPMs)

재래식무기	conventional weapons
화학무기	chemical weapons
생화학무기	biological weapons
방사능무기	radiological weapons
핵무기	nuclear weapons

3. 전쟁의 원인

전쟁은 뉴스의 영원한 소재이다. 끊임없이 쉴 새 없이 지구에서 전쟁이 치러지고 있다. 사소한 갈등에서 시작해 싸움, 분쟁, 전쟁이 발발한다. 독재자는 끊임없이 자신의 목적과 욕심으로 전쟁을 일으키기도 하지만, 지구 상에서 벌어지는 전쟁의 대부분은 거창하게 말할 것 없이 생각, 의견, 입장의 차이 때문이다. 왜 생각이 다를까? 바로 그 해답이 전쟁의 원인이다.

1) 이념(ideology)

눈에 보이지 않지만, 강력하게 인간을 뒤흔드는 요소 중 하나가 마음 속에 자리잡는 신념, 이념 등이다. 공산주의, 사회주의, 자본주의, 민주주의, 급진, 진보, 보수, 극우 등의 갈등은 심각한 대립으로, 전쟁으로 이어질 수 있다.

2) 종교(religion)

종교로 인한 갈등은 생각보다 심각하다. 오늘날 중동과 주변 국가들, 특히 이스라엘과의 갈등은 봉합되기에는 그 뿌리가 너무 깊다.

3) 인종(race)

다름을 인정하지 못하는 인간의 끝없는 차별과 그로 인한 갈등. 피부색의 차이가 차별로 이어지는 현실은 아직도 진행 중이다. 여기서 인종 간의 갈등은 단순히 피부색에 국한되지 않는다. 소위 인종청소(ethnic cleansing)이라는 이름으로 자행된 끔찍한 전쟁 중 결국 그 원인이 피부색이 아니라 보스니아 전쟁처럼 종교의 차이 때문인 경우가 많다.

4) 자원(resources)

경작할 땅과 천연자원 특히 물로 인한 갈등도 심각하고, 석탄, 석유, 광물 등도 강력한 전쟁 유발 요인이다.

5) 경제(economy)

무역분쟁으로 인해 예를 들어 여러 경제블록들의 갈등이 심화되고 있다. 정치도 유혈사태 없는 전쟁이라는 말이 있지만, 경제도 다르지 않다, 아니 더 심각하다. 예를 들어 미국과 중국의 무역 전쟁은 두 나라뿐 아니라 전 세계에 영향을 미친다.

4. 역사 속 주요 전쟁

역사 속 주요 전쟁이라고 제목을 붙였지만, 우리가 뉴스에서 자주 언급되는 전쟁 중 극히 일부에 불과하다. 우리나라 역사와 관련한 것은 6.25를 빼고 생략했다. 전쟁에 대한 자세한 정보는 여러분들 몫으로 남겨 둔다.

십자군전쟁	The Crusades (1095-1291)
100년전쟁	Hundred Year's War(1337-1453)
장미전쟁	Wars of the Roses (1455-85)
프랑스혁명전쟁	French Revolutionary War (1789-99)
미국독립전쟁	American Revolutionary War (1775-83)
미국남북전쟁	American Civil War (1861-65)
1차세계대전	World War I (1914-18)
청일전쟁	Sino-Japan War (1937-45)
2차세계대전	World War II (1939-45)
태평양전쟁	Pacific War (1941-45)
냉전	The Cold War (1947-91)
6.25전쟁	Korean Civil War (1950-53)
베트남전쟁	The Vietnam War (1954-75)
6일전쟁	Six-Day War (1967.6.5-10)
걸프전	Persian Gulf War (1990-91)
보스니아전쟁	Bosnia War (1992-95)
아프가니스탄전쟁	Afghanistan War (2001-21)

VIII. 사설(editorials)

핵심표현

출처를 밝혀라

뉴스에 어울리는 부사

동사에 힘을 실어주는 부사

신문에 자주 사용되는 라틴어구

사설(editorials)

신문의 목소리라 불리는 사설은 한 마디로 신문사의 주장을 싣는 코너이다. 그래서 객관적이기 보다 주관적인 입장과 주장을 강하게 내세우기 때문에 사용하는 표현이 신문의 다른 코너와 비교해 다르고 거칠기까지 하다. 글의 길이에 대한 부담이 비교적 적기 때문에 촌철살인이 아니라 미사여구를 동원해 멋들어지게 사용하기도 한다. 영어 사설 또한 마찬가지여서 다양하고 색다른 어휘와 표현이 등장한다. 그런 사설에 등장하는 상투적이면서도, 멋 부린, 그리고 설득, 주장과 관련된 표현 위주로 정리한다. 여기에 제시하는 표현이 너무 많아 보이기는 하지만 한, 두가지 정도만 외워 자기 것으로 만들고 나머지는 참고하는 정도로 삼아도 좋다.

1. 핵심표현

▶ 문제 제기

걱정스럽고, 염려스러운 사회, 정치, 경제 등의 전반에 걸친 문제를 꺼내 들어 '~ 문제다'라고 지적할 때 사용할 수 있는 표현들이다.

It is distressing that education disparities persist, widening the gap between the wealthy and the poor.

교육 격차가 지속되고, 빈부 격차가 벌어지는 것은 고통스러운 일입니다.

~ 걱정스럽다, ~ 우려스럽다, ~ 낙담이 된다, ~ 문제다, ~ 안타깝다 등을 표현할 때 아래 표현 중 하나를 사용하면 된다. 신문 사설에 단골로 등장하는 표현이다.

- It is distressing that ~
- It is worrying that ~

- It is alarming that ~
- It is disconcerting that ~
- It is troubling that ~
- It is unsettling that ~
- It is a cause for concern that...
- It is problematic that ~
- It is a matter of grave concern that ~
- It is distressing to note that ~
- It is unsettling to observe that ~
- It is bothersome that ~
- It is perturbing that ~
- It is vexing that ~
- It is a source of unease that ~
- It is a pressing issue that ~
- It is a matter of consternation that ~
- It is a cause for dismay that ~
- It is a source of apprehension that ~
- It is a source of discontent that ~
- It is a subject of deep concern that ~

▶ 문제에 대처하다

사설에서 문제를 지적하면서, 정부, 기관 등이 문제를 해결하기 위해 적극적인 자세로 문제를 다루고, 대처하라는 요구를 한다. 이럴 때 자주 등장하는 표현이다.

The government should cope with the problem by implementing

comprehensive policies.

정부는 종합적인 정책을 시행해 문제에 대처해야 한다.

- cope with the problem
- deal with the problem
- address the challenges
- deal with the issues
- navigate the difficulties
- tackle the problems
- confront the obstacles
- handle the concerns
- manage the adversities
- confront the dilemmas
- grapple with the issues
- respond to the challenges
- face the difficulties
- overcome the hurdles
- handle the setbacks
- confront the obstacles
- navigate through the challenges
- deal with the adversities
- tackle the issues head-on
- confront and resolve the problems
- address and manage the concerns
- take the brunt of the problems

▶ 문제의 재발을 막다

문제가 또 생기지 않도록 재발 방지의 노력이 필수이다. 이에 대한 단골 표현이다.

The government should take decisive actions to prevent the recurrence of failures, implementing robust policies to address root causes.

정부는 실패의 재발을 막기 위해 단호한 조치를 취하고 근본 원인을 해결하기 위한 강력한 정책을 시행해야 합니다.

- prevent the recurrence of the failures
- avoid a repeat of the failures
- halt the repetition of mistakes
- safeguard against future failures
- put an end to the recurrence of setbacks
- stop the failures from happening again
- take measures to forestall future mishaps
- preclude the reappearance of failures
- implement measures to avert future failures
- bar the recurrence of mistakes
- ensure the non-repetition of failures
- avoid a repeat of the failures
- halt the repetition of mistakes
- safeguard against future failures
- put an end to the recurrence of setbacks
- stop the failures from happening again

- take measures to forestall future mishaps
- preclude the reappearance of failures
- implement measures to avert future failures
- bar the recurrence of mistakes
- ensure the non-repetition of failures

▶ 문제

사설에는 정말 다양한 문제가 거론된다. 문제라는 어휘에 해당하는 영어 표현도 다양하고 그에 사용하는 형용사들도 다양하다. 우리말로 현안, 사안, 문제, 골칫거리 등으로 표현하는 말을 영어로는 어떻게 표현하는지 정리해본다.
problems, concerns, dilemmas, challenges, obstacles, hurdles, complications, worries, anxieties, issues, tasks, matters, headache, trouble, nuisance, assignments,

여기에 덧붙여 문제와 어울리는 '심각한 문제' '긴급한 사안' 등에 해당하는 '형용사 + 명사' 표현이다.

- critical challenges
- urgent matters
- acute dilemmas
- crucial tasks
- serious complications
- significant obstacles
- immediate issues
- paramount concerns
- weighty assignments

- pressing problems
- imminent challenges
- vital dilemmas
- top-priority issues
- major concerns
- key challenges
- critical assignments
- time-sensitive tasks
- high-priority problems

▶ 기로에 서다

이런 저런 복잡한 문제에 직면해 더 이상 미룰 수도 없고 절대절명의 위기 상황에 몰린 분위기를 설명하는 표현이다.

The nation is approaching the point of no return, driven by economic instability, social unrest, and political discord.

경제 불안, 사회 불안, 정치적 불협화음으로 인해 국가는 돌이킬 수 없는 지경에 이르렀다.

- approach a point of no return
- be about to cross the point of no return
- be at a critical point
- stand at a pivotal period
- faces desperately dangerous dilemmas
- stand at the crossroads of ~
- grapple with a watershed moment

▶ 정부를 향한 메시지

문제를 지적하고 결국 정부, 우리 사회, 관련기관 등이 ~ 해야 한다라는 촉구의 메시지를 전하면서 사설이 끝맺음하는 경우가 많다. 그런 촉구의 메시지에 대한 표현이다.

The government should take proactive measures by implementing comprehensive policies.

정부는 종합적인 정책을 시행하여 선제적인 조치를 취해야 한다.

- The government should take proactive measures by ~
- The Korean government must rethink ~
- The government should implement laws and establish institutions to effectively support ~
- The government must adhere to its commitment to
- The government must be mindful of ~
- The government must articulate reasons why ~
- The government should take extraordinary measures
- The government should be fully aware of ~
- It would be prudent for the government to ~

▶ 촉구

위와 비슷하게 적극적인 문제해결을 위해 애쓰라는 취지의 메시지를 전할 때 자주 사용하는 표현을 아래에 정리한다.

More drastic steps are needed to cope with the escalating economic crisis.

심각해지는 경제 위기를 대처하기 위해 보다 과감한 조치가 필요하다.

- drastic steps needed to cope with ~
- play a proactive role in coping with ~
- should conduct pragmatic assessment
- specific measures should be taken to ~
- efforts should be focused on ~
- make one's voice heard ~
- should be fully prepare for ~
- should look back critically on ~
- should seek to
- make a leap forward beyond one's challenges
- It is not a matter of choice to ~
- should make another significant turning point to ~
- must take due measures to cope with
- must recognize the seriousness of the situation
- It is time to focus on ~

▶ 이런 맥락에서, 이런 배경에서 ~

사설에서 문두에 주로 사용하는 맥락관련 표현으로 자주 사용하는 표현이다. 뉘앙스와 뜻은 맥락에 따라 조금씩 다를 수 있으니 실제 용례는 여러분들 몫으로 남겨둔다.

- given this ~

- against the backdrop
- in this sense
- in this regard,
- in response,
- among other things
- in light of this
- considering this
- against this backdrop
- in the context of
- given these circumstances
- with this in mind
- considering the aforementioned
- in view of this
- taking into account
- in response to this
- in consideration of
- in the face of
- against the current landscape
- in the wake of
- in the midst of

2. 출처를 밝혀라

　뉴스는 취재를 거쳐 보도하는 내용의 진위를 명확히 가려서 전달해야 한다. 그렇게 하려면 뉴스의 출처가 신뢰할 수 있는 대상이어야 한다. 필요하면 출처를 밝히고, 공개하지 못하는 경우도 있기 때문에 그에 어울리는 설명도 추가해야 하기도 한다. 뉴스기사에서 가장 자주 등장하는 출처 관련된 표현 중 몇 가지를 살펴보자.

▶ 대변인에 따르면,

가장 일반적인 뉴스 정보의 출처가 대변인이다. 정보의 투명성(transparency)을 위해서는 이렇게 취재원을 명확히 밝혀서 표현한다.

- According to the spokesperson,
- According to the government report,
- The spokesperson stated that ~
- In the words of the spokesperson,
- According to the information released by the spokesperson,

▶ ~라는 'OO설' 또는 'OO의혹'

진위여부가 확인되지 않은 'OO설' 또는 'OO의혹' 등을 표현할 때 사용한다.

- allegedly
- It is alleged that
- It is rumored that

▶ 소식통에 따르면

보도하는 기사의 reliability와 credibility를 부여하는 방법으로 기자는 소문, 의혹을 취재한 것이 아니라는 점을 밝힌다. 그러나 외부소식통을 구체적으로 밝히기 곤란할 때 아래와 같은 표현을 사용한다.

- sources said that ~
- according to the sources
- according to reliable sources
- unnamed sources claim that ~
- according to the sources who want to remain unidentified
- an unidentified source who wishes to remain anonymous claimed that ~
- based on anonymous sources,
- an anonymous sources said that ~
- It is reported that ~

3. 뉴스에 어울리는 부사

영어로 뉴스 기사를 작성할 때 가능하면 형용사와 부사는 사용을 최소화하라는 말을 자주 듣게 된다. 형용사는 명사를 부사는 동사를 꾸며주며, 느낌을 다르게 만들어준다. 그러나 사용하지 않아도 된다면 최소화하는 게 뉴스처럼 간결하고 밀도 있는 성격에 어울린다. 그래서 인지 마크 트웨인과 스티븐 킹은 좋은 글을 쓰려면 부사와 형용사를 줄이라는 취지의 말을 했다.

> When you catch an adjective, kill it.
> – Mark Twain
> The road to hell is paved with adverbs.
> – Stephen King[30]

그러나 동사를 다채롭게 표현하려면 부사는 필수일 수 밖에 없다. 마크 트웨인이나 스티븐 킹도 자신의 글에 형용사를 부사를 쓰지 않은 게 아니었으니 말이다. 아래는 뉴스에 단골로 등장하는 그러면서도 우리 영어 학습자들에게 비교적 낯설어 사용하기 쉽지 않은 부사를 정리한 목록이다.

1) 소문을 나타내는 부사

확인되지 않은 내용에 대해 전할 때 사용하는 부사로 소문, 설, 의혹 등을 언급할 때 자주 사용한다.
reportedly, allegedly, supposedly, purportedly, seemingly, presumably 등이 이에 속한다. 아래 각 문장에 이 부사를 바꿔서 사용해도 세부적인 뉘앙스는 조금 달라질 수 있지만 전체적인 느낌은 비슷하다.

▶ reportedly: 소문에 따르면, 전하는 바에 따르면

Reportedly, the three universities are sent to merge in about a year.
세 대학은 약 1년 안에 통합할 것이라는 소문이 돌고 있다.

▶ allegedly: 소문에 따르면, 전하는 바에 따르면

Allegedly, a new department store will open next to the library.
소문에 새 백화점이 도서관 옆에 들어선다고 한다.

▶ supposedly: 소문에 따르면, 전하는 바에 따르면

Supposedly, the car industry is gearing up to phase out all fossil fuel-powered vehicles.
소문에 따르면, 자동차 업계는 화석연료 자동차를 단계적으로 퇴출할 준비를 하고 있다고 한다.

▶ purportedly: 소문에 따르면, ~라고 한다

Purportedly, the new CEO plans to fire nearly a third of the company's workforce.
신임 대표이사는 회사 인력의 거의 3분의 1을 해고할 계획인 것으로 알려졌다.

2) 추측을 나타내는 부사

'~ 일 것이다'라는 추측, 추정의 뉘앙스를 담은 부사들이다. '겉으로 보기에 ~', '얼핏 ~ 처럼 보인다.'는 뜻으로 사용한다.

seemingly, ostensibly가 이에 속한다.

▶ seemingly: ~ 인 것으로 보인다; 겉보기에 ~ 이다.

Seemingly, foreign tourists prefer to visit newly opened shopping malls.

외국 관광객이 새로 문을 연 쇼핑몰을 선호하는 것으로 보인다.

▶ ostensibly: 표면적으로, 겉보기에 ~ 이다.

Ostensibly, domestic tourism will suffer due to the recent epidemic.

표면적으로는 최근 발생한 전염병으로 인해 국내 관광은 어려움을 겪을 것으로 보인다.

3) 확신을 나타내는 부사

확인되지 않은 내용에 대해 전할 때 사용하는 부사
소문, 설, 의혹 등을 언급할 때 자주 사용한다.
evidently, clearly, manifestly, apparently, undoubtedly, ostensibly 등이 이에 속한다.

▶ evidently: 분명히, ~ 은 분명하다

Evidently, the mayor will step down soon due to mounting pressure following the alleged misconduct.

위법행위 혐의로 인한 압박이 거세져, 시장은 분명히 조만간 물러날 것이다.

▶ clearly: 분명히, ~ 은 분명하다

Clearly, more consumers are likely to embrace sustainable practices in waste disposal.

더 많은 소비자들이 폐기물 처리를 위해 지속가능한 방안을 수용할 가능성이 높다는 것은 분명하다.

▶ manifestly: 분명히, ~ 은 분명하다

Manifestly, drug trafficking poses a serious challenge to our society.

분명한 것은 마약 밀매가 우리 사회에 심각한 도전이 된다는 점이다.

▶ apparently: 분명히, ~ 은 분명하다

Apparently, more government buildings are likely to install electricity charging stations.

더 많은 관공서에 전기 충전소가 설치될 가능성이 많다는 점이 분명하다.

▶ undoubtedly: 분명히, ~ 은 분명하다

Undoubtedly, the earth will face unprecedented challenges in adapting to the changing climate.

지구는 기후변화에 적응하는데 유례없는 도전에 직면하게 될 것이라는 점은 의심의 여지가 없다.

4. 동사에 힘을 실어주는 부사

영어는 한국어와 비교해보면 동사보다는 명사를 선호하는 언어이다. 그래서 명사에 어울리는 형용사가 발달할 수 밖에 없다. 하지만 동사도 자주 사용되는 만큼 동사에 어울리는 부사를 잘 알아야 한다. 동사에 힘을 실어주고, 글의 뉘앙스를 표현하는 방법 중 하나이기 때문이다. 다음은 뉴스에 자주 등장하는 동사와 짝을 이루는 부사를 정리한 것이다. 동사와 부사를 한 덩어리로 공부하면 더 좋다.

분명하게 말하다:
- explicitly state
- clearly articulate
- definitively clarify
- forcefully maintain
- conclusively prove
- cautiously acknowledge
- expressly convey
- solemnly avow
- promptly clarify

강력히 옹호하다
- staunchly support
- authoritatively confirm
- passionately advocate
- robustly defend

강력하게 주장하다:	affirmatively declare
	strongly argue
	firmly assert
	eagerly emphasize
	unequivocally affirm
	consistently maintain
	emphatically insist
	resolutely contend
	vociferously proclaim
단호하게 부인하다;	flatly deny
	firmly refute
	unequivocally dismiss
강력히 반박하다	categorically refute
	vigorously dispute
	bluntly reject
	decisively counter
극렬히 반대하다:	vehemently oppose
	strenuously object
	strongly object
	fiercely resists
	intensely protest

5. 신문에 자주 사용되는 라틴어구

아래 정리한 라틴어 표현은 형식적이고 딱딱한 내용의 문서에 주로 사용된다. 연구논문, 신문의 경우 사설 등의 멋을 부린 글에서 주로 보게 된다. 우리도 형식적인 글이나 조금 격식을 차리고 멋지게 글을 쓰려고 하면, 고사성어 등의 표현을 찾아서 쓰는 것과 마찬가지이다. 실제 여러분들이 이런 표현을 사용하기 보다 읽으면 이해할 수 있는 정도로 받아들여도 충분하다. 영어 원어민들도 이해하지 못하는 경우가 많다.

◎ ad hoc: 특별한, 즉석으로 만든
  ad hoc committee: 특별 위원회

◎ ad infinitum: 무제한, 끝도 없이
  The political deadlock seems to **persist ad infinitum**.

◎ ad nauseam: 지겹도록
  The campaign promises are **repeated ad nauseam** in every election.

◎ de facto: 사실상의, 실제로;
  The economic recession led to **de facto austerity measures**.

◎ de jure: 법에 따른, 법에 따라
  The treaty established a **de jure border** between the two countries.

◎ ergo: 그래서, 따라서

Samsung invested in green energy resources, **ergo** demonstrating its commitment to sustainability.

◎ **et al.**: 등, 외, (여러 명의 저자를 나타낼 때 사용)

Talyor et al. took a closer look at the plants for more than two years.

◎ **ex officio**: 직권에 의한, 직무상의

As the university professor, he is **ex officio** a member of the National Library committee.

◎ **in loco parentis**: 부모 대신에

Schools must watch **in loco parentis** role with concern.

◎ **in medias res**: 거두절미하고, 처음은 건너뛴 채

Many thriller movies often **start in medias res** with detectives already on the crime scenes.

◎ **ipso facto**: 그 사실 때문에, 결과적으로

As the company faced a financial crisis, its employees were **ipso facto** denied benefits and bonuses.

◎ **magnum opus**: 대표작, 최고작품

People have searched for Hemingway's hidden work, which can be his real **magnum opus**.

◎ **modus operandi**: 작업 방식, 절차

With the general election less than two months away, government officials should work on **modus operandi** related to voting procedures.

◎ **non sequitur**: 불합리한 추론, 그릇된 결론

All the claims turned out to be **a non sequitur**, lacking a coherent connection between cause and effect.

◎ **per se**: 그 자체로, 그 자체가

His idea, **per se**, is not terrible, but its execution needs careful consideration.

◎ **persona non grata**: 환영받지 못하는 사람, 출국 요청받은 사람

The politician became a **persona non grata** because of the recent controversial remark.

◎ **post hoc ergo propter hoc; post hoc**: 이 뒤에 따라서, 이 때문에

Analysts caution against a **post hoc ergo propter hoc reasoning** and emphasize the importance of considering all potential factors.

◎ **pro bono**: 무료의, 공익을 위한

The young lawyer is famous for offering **pro bono assistance to** the underprivileged.

◎ quid pro quo: 보상으로 주는 것

It is shocking to find that some employees have experience <u>quid pro quo sexual harassment</u> in the workplace.

◎ sic: 원문 그대로임

The professor wrote in the autobiography "I never skipped breakfast. I love having pancakes with maple <u>sirup (sic)</u> for breakfast.

◎ status quo: 현재의 상황

The government is struggling to <u>preserve the status quo</u> amidst growing economic downturn.

◎ sub judice: 심리 중인, 미결의

The actor requested the press not to speculate on the trial, stating that the matter was <u>sub judice</u>.

◎ vox populi: 민중의 소리, 여론

Politicians should be open <u>to vox populi</u>.

IX. 경제 뉴스

핵심표현
바닥을 찍다
천장을 뚫다
'오르다', '내리다'
주요 경제지표
경제뉴스에 단골로 등장하는 기관
원유, 석유, 휘발유…

경제 (Economy)

경제 뉴스는 금리, 주가, 환율을 중심으로 한 소위 3대 시장지표를 알려주는 소식이 중심을 이룬다. 미시, 거시경제를 논하지 않더라도 경제뉴스는 잘 읽지 않게 된다. 어렵고, 복잡하다고 생각되기 때문이겠지만, 그런 복잡한 것은 뒤로 하고 영어로 경제 뉴스의 핵심을 이해하는데 도움이 되는 핵심 표현과 개념 몇 가지를 정리했다.

1. 핵심표현

▶ (기준)금리를 동결하다: freeze (key) interest rate

금리(interest rate)에 따라 국가경제는 물론 서민경제도 영향을 받을 수밖에 없다. 대출을 받을 때 고정금리(fixed rate)로 하느냐 변동금리(variable rate)로 하느냐에 관심이 가질 수 밖에 없다. 그러나 더 신경 쓰고 알아야 하는 금리는 바로 우리 나라 한국은행의 금융통화위원회가 정하는 '기준금리(key interest rate)'이다.

The Bank of Korea (BOK) <u>froze its key interest rate</u> at 3 percent.
한국은행은 기준금리를 3%로 동결했다.

- 기준금리: base rate; policy rate; key rate

▶ 경기침체: economic recession; economic depression; economic downturn; economic slump

사람도 슬럼프에 빠지는 것처럼, 나라 경제가 슬럼프에 빠지면 정말 심각해진다. 경기, 경제 등이 침체, 불경기라고 할 때 온갖 부정적인 단어가 다 동원된다. slump, depression, recession, downturn

During the <u>economic downturn</u>, numerous manufacturing jobs were eliminated.

경기침체동안, 여러 제조업 일자리가 사라졌다.

▶ **경기가 회복되다**: the economy recovers; the economy bounces back

우리의 건강이 회복할 때도 사용하는 'recover'를 경기 회복에도 즐겨 사용한다. 'bounce back' 다시 튀어 오른다는 생생한 느낌의 표현이다.

The <u>economy recovers</u> as key industries show signs of stability.

주요 산업이 안정 기미를 보임에 따라 경기가 회복되고 있다.

The national economy appears to <u>bounce back</u>.

경기가 회복되는 듯하다.

▶ **경기 경색**: economic crunch, economic slowdown, economic downturn, economic stagnation

혈액순환이 제대로 이뤄지지 않는 문제와 같은 '경색'이라는 표현은 관계, 상황 등이 제대로 돌아가지 않는다는 의미이다.

Asian countries are experiencing an <u>economic slowdown</u>.

아시아 국가들의 경기는 경색되어 있다.

▶ **경기가 둔화되다**: the economy slows down; the economic growth loses momentum

속도가 느려지고, 점점 뒤쳐지는 듯한 느낌을 주는 것을 'slow down' 또는 탄력을 잃는다는 느낌으로 'lose momentum'이라고 표현한다.
The global **economy slows down** due to weakening consumer demand.
소비자 수요의 위축으로 전 세계 경기가 둔화되고 있다.

▶ **시장의 활황**: market boom; buoyancy of the market

활황은 활기가 넘치는 상황이라는 의미이다. 그러니 시장이 활발하게 거래가 넘치는 것을 의미한다. 이를 영어로 boom 또는 buoyancy를 사용해 표현한다.
Positive economic data have contributed to a significant **stock market boom**.
긍정적인 경제 지표 덕분에 주식 시장이 활황이다.

▶ **경상수지**: current account

한 국가의 외국과의 거래로 발생한 수입과 지출의 차이가 바로 경상수지이다.
The U.S. **current account** deficit narrowed in the 2nd quarter.
미국의 경상수지 적자는 2/4분기에 줄었다.

무역수지	trade account balance
상품수지	goods account balance
서비스수지	service account balance
본원소득수지	primary income account balance
이전소득수지	balance of transfer

▶ **무역적자를 기록하다**: record trade a deficit with ~

deficit은 적자를 의미한다. 반대로 흑자는 'surplus'라고 표현한다.
Korea has **recorded a trade deficit** with several of its major trading partners.
한국은 주요 교역국들과 무역적자를 기록했다.

▶ **물가가 오르다**: prices go up; prices rise

'물가'라고 표현할 때 'prices'라고 복수로 써야 한다. 단수로 'price'라고 하면 특정 제품이나 서비스의 가격이라는 의미가 되기 때문이다.
As **prices increase**, consumers' purchasing power diminishes.
물가가 오르면, 소비자의 구매력은 줄어든다.

▶ **소비자물가지수**: consumer price index; retail price index

소비자물가지수는 도시의 일상생활에 필요한 상품가격과 서비스 요금의 변동을 측정하기 위해 458개 품목을 대상으로 작성하는 지수이다.[31] 지수의 수치보다 기준연도의 물가지수를 100으로 정하고, 100보다 크면 동일한 소비에 지출이 더 많이 든다는 의미로 해석한다.
The consumer price index keeps rising as a result of inflation.
인플레이션으로 소비자물가지수가 계속 올라가고 있다.

▶ **경기 부양책**: measures to stimulate the economy; pump-priming measures

'stimulate the economy'란 경제, 경기를 자극해 개선한다는 의미이다.

'pump-priming'이란 펌프로 물을 뽑아내기 위해 먼저 붓는 '마중물'로 경기 활성화 정책을 의미한다.

Government officials are struggling to implement **measures to stimulate the economy**.

정부 관계자들은 경기 부양책을 시행하기 위해 고군분투하고 있다.

▶ **실업률**: unemployment rate; jobless rate

취업하고 싶어도 취업을 하지 못하는 인구의 비율을 실업률이라고 한다. 반면에 취업률은 경제활동인구 중에서 취업자가 차지하는 비율로 employment rate이라고 한다.

The global economic downturn has led to an alarming increase in the worldwide **unemployment rate**.

글로벌 경기침체로 전 세계 실업률이 놀라울 정도로 증가했다.

▶ **투자를 유치하다**: attract investment; draw investment

유치하다, 즉 갖고 들어온다는 의미로 attract, draw를 사용하면 된다.

The government implemented policies to **attract investment** and stimulate economic growth.

정부는 투자를 유치하고 경제 성장 촉진을 위한 정책을 시행했다.

▶ **주가가 폭등하다**: stock prices soar; stock prices rise sharply

주식을 'stock' 'share' 로 표현한다. 오르다(rise, go up) 정도가 아니라 '폭

등하다'라고 할 때는 soar, skyrocket, rise sharply 등으로 표현한다.

Stock prices skyrocketed as RoiTree announced record-breaking quarterly profits.

로이트리가 사상 최대의 분기 수익을 발표하면서 주가가 폭등했다.

▶ **주가가 바닥이다**: stock prices bottom out; stock prices touch bottom

실적 위축, 침체 등으로 인해 주가가 바닥을 칠 때도 있는데 'bottom out' 또는 'touch bottom'이라고 표현한다.

Stock prices bottomed out due to geopolitical tensions in the Middle East.

중동의 지정학적 긴장으로 인해 주가가 바닥을 쳤다.

▶ **연일 고공행진하다**: continue to skyrocket; consistently soar

고공행진이라고 하면 유가, 주가 등이 연일 치솟는다는 의미이다.

Global crude oil prices **continue to skyrocket**. (=Global crude oil prices are **consistently soaring**.)

국제유가가 연일 고공행진하고 있다.

▶ **가계부채**: household debt; family debt

개인이 대출과 할부 거래 등으로 금융권에 갚아야 하는 빚을 의미한다. 보통 가구당 부채를 산출하는데 이를 영어로 'household debt'이라고 한다.

High levels of **household debt** can impact the overall economy.
높은 가계부채는 경제 전반에 영향을 미칠 수 있다.

▶ 경기 연착륙: soft landing

경기가 한없이 좋을 수만은 없다. 경기는 상승과 하락을 반복하는데 급작스러운 하락, 침체 등으로 인한 경제 타격은 바람직하지 않다. 그래서 비행기가 급강하하는 '경착륙(hard landing)'이 아니라 부드럽게 착륙하는 '연착륙(soft landing)'이 필요하다.

The global economy is poised for a **soft landing** as major economies show signs of moderate recovery.
주요 국가경제가 완만한 회복세를 보이고 있어 세계 경제는 연착륙할 기미가 보인다.

▶ 악재: unfavorable factor; adverse element

나쁜 영향을 줄 수 있는 조건이나 요인을 악재라고 하고 영어로 'unfavorable factor' 'unfavorable condition' 'adverse element' 등으로 표현할 수 있다. 예를 들어 무역분쟁(trade disputes), 글로벌 금융위기(global financial crises), 정세불안(political instability) 등은 국가 경제와 세계 경제에 악재로 작용한다.

The national economy suffers from **unfavorable factors** such as high inflation and political instability.
국가경제는 높은 인플레이션과 정치적 불안정과 같은 악재로 인해 어려움을 겪고 있다.

▶ 부동산 실수요자: end user of real estate; ultimate

consumer of a real estate property

실제 부동산을 거주 목적으로 구입하는 개인이나 단체를 실수요자라고 부르고, 영어로는 최종 사용자라는 의미로 'end user' 또는 'ultimate consumer'로 표현한다.

The developer designed the housing project with the **end user** in mind.
부동산 개발업자는 실수요자를 고려해 주택 프로젝트를 설계했다.

▶ **주택담보대출**: mortgage loan; mortgage

'모기지'라고 부르는 주택담보대출은 집을 구입할 때 금융권에서 빌리는 대출(loan)을 뜻한다.

Major Korean banks raised **mortgage loan** rates from the previous month.
한국의 주요 은행들은 주택담보대출 이율을 지난 달보다 올렸다.

▶ **환율변동**: exchange rate change; exchange rate fluctuation

환율을 'exchange rate' 'foreign exchange rate'이라고 한다.

The exchange rate fluctuation created big burden for domestic businesses.
환율 변동으로 인해 국내 기업들은 큰 부담을 안게 되었다.

고정환율 fixed exchange rate; pegged exchange rate
변동환율 floating exchange rate

환율상승 exchange rate appreciation
환율하락 exchange rate depreciation

▶ 원/달러 환율이 폭등하다: the won-dollar exchange rate soars

우리나라 원화와 미국의 달러화 간의 교환 비율은 모든 경제 주체에게 중요하다. 뉴스에 '원/달러 환율'이라고 나오는데 실제 표시는 '1달러에 ---원'이라고 표시한다. 국제 외환 거래에서는 달러화를 기준으로 환율을 표시하는 경우가 많다.

The won-dollar exchange rate has recently soared 50 won to 1,350 won per dollar.

원/달러 환율이 최근 50원 올라 달러 당 1,350원으로 폭등했다.

▶ 기축통화: key currency; reserve currency; primary currency

세계 어디에서나 자유롭게 통용될 수 있는 화폐를 기축통화라고 한다. 기축통화로 미국의 달러(USD), 유로화(EUR), 엔화(JPY), 영국의 파운드(GBP), 스위스 프랑(CHF) 등을 예로 들 수 있다. Reserve currency를 key currency와 혼용하는 경향이 있지만, 엄밀히 구분하자면 reserve currency는 준비통화이다. 즉 원자재 구입, 무역거래 등의 대외 지급을 위해 보유하는 준비 통화이기 때문이다.

The U.S. dollar maintains its **key currency** status, serving as a primary reserve currency in global trade.

미국 달러는 세계 무역에서 주요 준비 통화 역할을 하는 기축 통화로서의 지위를 유지하고 있다.

▶ 암호화폐: cryptocurrency; crypto;

비트코인(Bitcoin)이 암호화폐의 대명사로 불릴 정도로 암호화폐라고 하면 비트코인을 떠올린다. 암호화폐는 아직 까지 미시 경제에서 각 종 거래의 수단으로는 한계가 있지만, 투자수단으로는 아주 인기가 높다.

Bitcoin, the most well-known **cryptocurrency**, experienced a sharp increase this week.

가장 잘 알려진 암호화폐인 비트코인은 이번 주에 급격한 상승세를 보였다.

More and more people have started accepting **cryptocurrency** such as Bitcoin and Ethereum as a means of investment.

점점 더 많은 사람들이 비트코인이나 이더리움과 같은 암호화폐를 투자의 수단으로 받아들이기 시작했다.

암호화폐의 의미로 조금 뉘앙스는 다르지만, digital currency, virtual currency, decentralized digital assets 등으로 표현할 수 있다.

▶ ~을/를 차지하다: account for ~ ; represent; make up

경제 뉴스는 온통 수치투성이다. 오르고 내리고, 구성 항목의 비중이 얼마나 된다는 등의 얘기가 많다. 그런 점에서 자주 사용되는 표현 중 하나가 바로 'account for ~'이다. '~ 을/를 차지하다' 또는 '~을/를 설명하다'라는 의미이다.

Bitcoin **accounts for** a significant share of virtual assets, demonstrating its widespread adoption and influence within the realm of digital currencies.

비트코인은 가상 자산의 상당 부분을 차지하며 디지털 통화 영역에서 비트코인의 광범위한 채택과 영향력을 입증하고 있다.

= Bitcoin **represents** a significant share of ~

= Bitcoin **makes up** a significant share of ~

▶ 올 해 1분기에: in the first quarter of the year,

1분기는 일년을 4등분 했을 때 첫 토막에 해당한다. 각 토막을 quarter라고 부르고 순서에 따라, the first quarter, the second quarter, the third quarter, the fourth quarter라고 한다.

<u>In the third quarter of the year</u>, the unemployment rate saw a notable increase.

올해 3분기에는 실업률이 눈에 띄게 증가했다.

▶ 상반기: the first half of the year

일년을 반으로 상반기는 the first half of the year, 하반기는 the second half of the year로 표현한다.

<u>During the first half of the year</u>, sales figures experienced a steady increase, thanks to positive consumer trends.

올해 상반기에 긍정적인 소비자 트렌드에 힘입어 판매량이 꾸준히 증가했다.

▶ ~ 현재: as of 시점

as of ~ 는 특정 시점을 기준으로 한다는 표현으로 경제 기사에 유용하게 사용된다. 오늘을 기준으로 as of today, 2024년 1월 을 기준으로 as of January, 2024 라고 하면 된다.

<u>As of October 2023</u>, the trade volume between the two countries reached unprecedented levels.

2023년 10월 현재, 양국의 교역량은 전례 없는 수준을 기록했다.

▶ **작년 동기 대비**: as compared with the corresponding period of last year

같은 시점, 같은 기간의 의미로 '동기'라고 하고 영어로는 일치하는 이라는 뜻으로 'corresponding period'라고 한다.

<u>As compared with the corresponding period of last year</u>, the delivery food industry experienced a significant surge in demand.

작년 동기 대비, 배달 음식 업계는 수요가 크게 급증했다.

비슷한 표현으로 다음과 같이 쓰기도 한다.

= in comparison with the corresponding period of last year,
= by comparison with the corresponding period of last year,
= relative to the corresponding period of last year,

▶ **국제 원자재**: international raw materials

자원이 부족한 우리나라는 해외에서 자원을 들여와 제품을 가공해 수출하는 경제구조를 갖고 있다. 그래서 '국제 원자재' 가격에 예민하게 반응할 수밖에 없다. 원자재는 채굴이나 추출해야 하느냐 농산물처럼 재배하느냐로 구분한다. 이 중에서 우리 경제에 가장 민감한 원자재는 원유, 휘발유이다.

Fluctuating prices of <u>international raw materials</u> have impacted

domestic markets and economic stability.
국제 원자재 가격의 변동은 국내 시장과 경제 안정에 영향을 미쳤다.

▶ 국제 유가 파동: The fluctuations in oil prices; fluctuating oil prices

파동은 흔히 커다란 영향을 의미한다. 주로 유가 때문에 생기는 파동이라면 유가 폭등에 따른 심리적, 사회적, 경제적 위축, 혼란 등의 부정적인 것을 의미한다.

The unpredictable **fluctuations in oil prices** pose significant concerns for both the national and global economies.
예측할 수 없는 유가 파동으로 세계 경제는 물론 국가 경제도 심각한 우려를 하고 있다.

▶ 세계 3대 원유: three major crude oils

원유가 생산되는 지역은 우리가 잘 모르는 지역, 예를 들어 러시아의 우랄, 인도네시아의 미나스 등을 포함해 원류 종류는 200여가지가 넘는다고 한다. 그래서 실제 국제거래를 위해 생산량과 거래량이 많아 가격 결정이 투명한 것 3가지를 골라 3대 원유라고 부른다.

Brent, WTI, and Dubai are considered **three major crude oils** in the global market.
브렌트유, 서부텍사스원유, 두바이유는 글로벌 시장에서 3대 원유로 꼽힌다.

3대 원유
- West Texas Intermediate(WTI): 텍사스에서 생산되는 원유, 불순물이 가장 적은 고급 유종이며, 가장 유력한 기준 유종

- Dubai: 아랍에미레이트에서 생산하는 원유, 중동산 원유 가격 기준, 우리나라 수입 원유의 대부분이 두바이유이다.
- Brent: 영국 북해에서 생산되는 원유, 바다에서 추출되기 때문에 가장 광범위한 지역으로 수출된다.

2. 바닥을 찍다

주가, 시장 경제 등이 곤두박질쳐서 '바닥을 찍다'라고 할 때 사용할 수 있는 다양한 표현이다. 흔히 바닥의 의미로 nadir, bottom, basement, pit, trough, the depth 등으로 표현한다.

- hit a low:

  Stock prices hit a low point.

- reach a nadir:

  Stock prices reached a nadir.

- touch the bottom:

  The market touched bottom.

- hit the lowest point:

  Stock prices hit the lowest point.

- reach the bottom:

  The market reached the bottom.

- hit a floor:

  Stock prices hit a floor.

- touch rock bottom:

  The market touched rock bottom.

- reach a trough:

  Stock prices reached a trough.

- hit the basement:

  The market hit the basement.

- reach the pits:

Stock prices reached the pits.

- **drop to a minimum:**

    Stock prices dropped to a minimum.

- **sank to the depths:**

    The market sank to the depths.

- **plumb the depths:**

    Stock prices plumbed the depths.

- **hit a rock bottom level:**

    The market hit a rock bottom level.

- **dipped to the lowest point:**

    Stock prices dipped to the lowest point.

3. 천장을 뚫다

주가, 경제 등이 호황을 맞아 활활 타오를 때, 또는 물가, 유가 등이 하늘 높은 줄 모르고 치솟을 때 사용하는 영어 표현이다. 앞에서 바닥과는 정 반대의 의미로 peak, top, ceiling, summit, maximum, high 등으로 표현한다.

- peak:
  Stock prices peaked during the bull market.
- hit a high:
  The market hit a high point.
- reach the top:
  Prices reached the top level.
- attain a maximum:
  The market attained a maximum level.
- touch the upper limit:
  Prices touched the upper limit.
- hit the peak:
  The market hit the peak of its performance.
- reach a ceiling:
  Prices reached a ceiling.
- max out:
  The market maxed out at a certain level.
- cap out:
  Prices capped out after a strong rally.
- attain the summit:
  The market attained the summit of its upward movement.

4. '오르다', '내리다'

경제 뉴스는 물가, 환율, 실업률, 취업률, 고용률, 무역수지, 주가, 수출입 등이 쉴 새 없이 변동한다. 즉 끊임없이 오르고 내리고 변화한다. 그렇기 때문에 상승과 하락을 뜻하는 다양한 어휘와 표현이 사용된다. 동사가 물론 가장 중요하지만, 경제뉴스에서 절대 놓치면 안되는 것이 전치사 by와 to 이다.

▶ by와 to

The composite stock price index rose by 3.5% today to 4,050 points.
= The composite stock price index rose 3.5% today to 4,050 points.
종합주가지수는 오늘 3.5%올라 4,050포인트를 기록했다.

이 두 문장에서 다른 점이 무엇인가? 전치사 'by'가 두 번째 문장에는 없다. 여기서 전치사 by는 소위 증감 정도를 나타낸다. 그러니까 얼마나 '오르고 내리고'를 얘기할 때 그 차이를 나타낸다. 기억해야 할 것은 이럴 때 전치사 by는 생략하는 경우가 많다는 점이다. 하지만 결과를 알리는 전치사 to는 결과이니만큼 절대 생략하지 않는다.

▶ 오르다

rise, increase, ascend, advance, escalate, gain, climb, up, go up, surge, soar, skyrocket, rocket, jump, jump up

위의 단어를 이용해 아래 빈 칸을 채워보라.

The price of a cup of Americano has _____.
Stock prices have _____ 10%.

▶ 내리다

decrease, descend, drop, fall, slide, depreciate, dip, dive, crash, sink, plummet, nosedive

위의 단어를 이용해 아래 빈 칸을 채워보라.

The price of a bottle of Soju has _____.

The utility charge for my house has _____10%.

5. 주요 경제지표

국내총생산(Gross Domestic Product, GDP)
한 나라 영토 내에서 생산된 것만 포함하며 내, 외국인 상관없이 국경안에서 이뤄진 생산활동을 모두 포함한다.

국민총생산(Gross National Product, GNP)
국내외 장소를 불문하고 한 나라 국민이 생산한 것을 모두 합한 금액을 의미한다. 그러나 국가 간 경제교류가 활발해지고, 해외에 진출한 기업도 늘어나 GNP 파악이 간단하지 않게 되자 1994년부터 GNP는 더 이상 잘 사용하지 않는다.

국민총소득(Gross National Income, GNI)
한 나라 국민이 생산 활동에 참여한 대가로 받은 소득의 합계로 해외에 거주하는 국민이 얻은 소득도 포함된다. 실질적인 국민소득을 측정하기 위해 교역조건의 변화를 반영한 소득지표이다.

명목 GDP (Nominal GDP)
실제 생산된 물질적 가치를 생산된 시장의 가격으로 산출하는 국내총생산(GDP)이다. 즉 실제 생산된 해당 연도 가격을 기준으로 하기 때문에 물가를 반영한 경상 GDP라고 부른다.

실질 GDP(Real GDP)

물가를 반영하지 않고, 실제 생산된 물질적 가치만을 기준으로 삼는 국내총생산(GDP)이다. 즉 실제 생산한 해당 연도가 아니라, 기준 연도의 가격을 기준으로 하기 때문에 불변가격 GDP라고 부른다.

소비자물가지수(Consumer Price Index)

도시가계가 일상생활을 영위하기 위해 구입하는 상품가격과 서비스 요금의 변동을 종합적으로 측정하기 위해 작성하는 지수로, 458개 품목을 대상으로 작성한다. 물가변동이 도시가구의 소비생활에 미치는 영향을 나타내며, 전체 도시가구의 평균적인 영향을 보여준다.

생활물가지수(Living Cost Index; Cost of Living Index)

장바구니 물가지수로 불리며, 소비자들의 체감물가를 설명하기 위해 구입 빈도가 높고 지출비중이 높아 가격변동을 민감하게 느끼는 품목으로 작성한 지수이다. 매월 상품가격과 서비스 요금의 변동률을 측정하여 물가상승에 따른 소비자부담, 구매력 등 측정에 활용한다.

신선식품지수(Fresh Food Index)

계절에 따라 또는 기상조건에 따라 가격변동이 큰 품목을 기준으로 나타내는 물가지수이다.

근원물가지수

전체 소비자물가 458개 품목 중에서 계절적으로 영향받는 농산물과 외부적요인에 크게 영향받는 석유류 등을 제외하고 나머지 품목을 별도로 집계한지수

생산자물가지수(Producer Price Index)

소비재를 생산하는 비용을 측정하는 지수로, 원자재와 식품 가격이 소매가에 직접 영향을 끼치기 때문에 인플레이션 압력의 선행 지표로 삼는다. 소비자물가지수(CPI)와 더불어 인플레이션 척도의 쌍두마차이다.

6. 경제뉴스에 단골로 등장하는 기관

경제관련 주요 기관을 알아두면 영어 뉴스를 이해하는 데 도움이 된다. 그 중에서 핵심 기관 몇 가지를 소개한다.

1. The Federal Reserve; The Federal Reserve Board (FRB)
The Fed라고 줄여서 부르기도 하는 미국의 '연방준비제도'로 우리나라의 한국은행처럼 통화정책을 펴는 중앙은행이다.

2. The Federal Open Market Committee (FOMC)
'연방공개시장위원회'는 미국 중앙은행인 연방준비제도의 통화정책 결정기구이다. 우리나라 한국은행의 '금융통화위원회'와 동일하다.

3. The Bank of Korea (BOK)
한국은행은 우리나라의 금융, 통화정책을 담당하는 중앙은행이다. 기준금리를 결정하고, 우리나라의 화폐인 원화를 찍어내는 발권력을 가진 기관이다.

4. The International Monetary Fund (IMF)
우리에게 공포의 이름으로 기억되지만, 가맹국의 통화정책 국제협력, 국제무역의 균형, 환율 안정 등을 지원하는 국제 금융기관이다.

5. World Trade Organization (WTO)
세계무역기구는 국가가 경제분쟁에 대한 판결과 집행을 하며, 국가간 무역분쟁이나 마찰조정 등을 목적으로 하는 국제기구이다.

6. World Bank (WB)

'세계은행'은 빈곤퇴치와 개발도상국의 경제 발전을 위해 설립된 국제금융기관이다.

7. The Organization for Economic Co-operation and Development (OECD)

'경제협력개발기구'는 회원국간의 경제, 사회 발전을 모색하고, 전 세계 경제 문제 뿐 아니라 사회, 경제, 환경 문제 해결을 위해 상호 협력하는 국제기구이다.

7. 원유, 석유, 휘발유…

국제유가라고 할 때 흔히 우리는 휘발유를 떠올리게 되지만, 실제 여기서 유가는 원유의 가격을 의미한다. 그렇다면 석유와 원유는 무엇이 다른가?

석유(Petroleum)는 돌을 의미하는 'Petra'라와 기름을 의미하는 'Oleum' 의 합성어[32]로, 한자로 石油라고 하는 걸 보면 잘 알 수 있다. 돌 사이의 땅 속에서 나오는 액체, 기체 상태의 탄화수소 혼합물을 의미한다. 아무런 가공도 하지 않은 그대로를 '원유'라고 부른다. 가공 이전의 천연자원 상태를 원유, 석유라고 부른다.

이런 원유를 정제과정을 거쳐 제품화 한 것이 우리가 주유소 등에서 구입해 사용하는 것들이다. 간단하게 이런 종류를 정리해보면 다음과 같다. 아래 순서는 석유의 끓는점에 따라 가장 먼저 추출되는 순서에 따른 분류이다.

액화석유가스	liquefied petroleum gas(LPG)
휘발유	gasoline
나프타	naphtha
등유	kerosene (oil)
경유	diesel (oil)
중유	bunker oil
아스팔트	asphalt

_X. 건강 뉴스_

핵심표현
병명
병원 진료과목
의료종사자 명칭을 영어로
한의학과 주요 용어
뉴스에 단골로 등장하는 의학저널

건강(Health)

'건강을 잃으면 전부 잃는 것이다.' 평균수명이 길어지면서 우리 사회는 고령화를 넘어 초고령화 사회에 진입이 코 앞이다. 그저 오래 사는 게 아니라 장수가 축복인 사회가 되려면, 건강을 지켜야 한다. 그래서 신문에 건강과 관련한 기사가 눈에 띄게 늘어나고 있다. 다음은 그런 건강과 질병과 관련한 어휘와 표현이다.

1. 핵심표현

▶ 운동하다: work out; exercise; take exercise

work out은 일하다가 아니라 운동하다의 의미이다. 요즘 '홈트'가 유행인데 이를 'home workout' 'working out at home'이라고 표현하면 된다.

An increasing number of senior citizens **work out** at fitness centers.
헬스장에서 운동하는 노년층이 점점 더 많아지고 있다.

▶ 유산소 운동: aerobic exercise

피트니스 센터에서 하는 운동은 크게 유산소와 무산소(anaerobic) 운동으로 나뉜다. 유산소 운동은 문자 그대로 산소를 사용하는 운동인데 심장을 의미하는 'cardio'를 넣어 'cardio exercise'라고 부르는 운동도 같은 운동이라 볼 수 있다.

Aerobic exercise like walking or biking does not build muscles.
걷기나 자전거타기와 같은 유산소 운동은 근육을 늘리는 운동이 아니다.

▶ **검강검진을 받다**: have a physical examination; get a medical checkup

검사를 checkup, examination 등으로 표현한다.
Employees are encouraged to **have a medical checkup** every year.
직원들은 매년 건강검진을 받도록 권유 받는다.

▶ **장수하다**: live long; enjoy longevity

장수를 영어로 longevity라고 하고, 그냥 오래 사는 게 아니라 'enjoy longevity'라고 하면 오래 오래 행복하게 산다는 느낌이 된다.
More and more people **enjoy healthy longevity**.
건강하게 장수하는 사람들이 늘고 있다.

▶ **기대수명**: life expectancy;

수명(life span)이 점점 늘어나고 그래서 생명을 유지할 수 있는 예측 정도를 'life expectancy'라고 표현한다.
Nutritious diet and regular exercise can increase your **life expectancy**.
건강한 식단과 꾸준한 운동을 하면 기대수명을 늘릴 수 있다.

▶ **노화를 늦추다**: delay aging; slow down aging

나이 먹고 늙는 노화를 한 단어로 age로 표현한다.
Exercise is one of the best ways to **slow down aging**.
운동은 노화를 늦추는 최고의 방법이다.

▶ 병을 예방하다: prevent a disease; ward off an illness

막다, 예방하다를 간단히 'prevent'라고 하거나 'ward off ~' 'stave off ~'로 표현할 수도 있다.

Apple juice may help people **prevent a disease**.

사과 쥬스를 마시면 병을 예방하는데 도움이 된다.

▶ 진찰받다: see a doctor; consult a physician

'의사를 만나다', '의사와 상담하다'라는 영어식 표현이 우리말의 진찰받다에 해당한다. 여기서 'physician'은 일반적인 의사의 의미와 내과의사라는 의미도 있다. 외과의사는 surgeon이라고 한다.

If you have persistent symptoms, **consult a physician** for immediate guidance.

증상이 지속되면, 즉시 사의 진찰을 받으세요.

▶ 국민건강보험: national health insurance

우리나라의 건강보험은 의무적으로 가입해야 하는 사회보험의 성격을 띤다. 외국과 비교해보면 탁월한 정책이라는 걸 절감할 수 있다.

Korea's **national health insurance** system helps people enjoy better life-long healthcare service.

한국의 국민건강보험 제도는 국민이 평생 양질의 의료 서비스를 누릴 수 있도록 해준다.

▶ 실손보험: actual medical expense insurance

의료보험은 의무가입이지만, 우리나라는 실제 의료비용을 처리해주는 실손보

힘 가입율도 높은 편이다. 실제 비용(actual medical expense)을 처리해주기 때문에 불필요한 시술도 늘어나는 부작용을 낳고 있다.

Actual medical expense insurance, an optional insurance, is associated with higher hospital visits.

선택보험인 실손보험은 병원을 더 자주가는 이유와 연관있다.

▶ 의료 혁신: medical breakthrough

의학관련 소식에 가장 자주 등장하는 것이 의학연구(medical research/studies)와 관련된 명사들이 사용된다. 예를 들어 journals(학술지), researchers(연구자), clinical trial(임상실험), findings(결과), treatment(치료, 처치), medical breakthrough(의료 혁신/ 획기적인 의료발전) 등은 자주 등장하는 표현이다.

'breakthrough'는 돌파구라는 의미로, 과학, 기술, 의학 등에서 혁신적인 대진전이나 획기적인 발견 등의 업적을 논할 때 사용하는 표현이다.

A recent **medical breakthrough** in cancer research brings hope for more effective treatments.

최근 암 연구의 획기적인 발전으로 더 효과적인 치료법에 희망이 생긴다.

▶ 임상시험: clinical trials

약, 치료 등이 효과, 안전성 면에서 괜찮은지 사람을 대상으로 하는 시험을 임상시험이라고 하고, 영어로는 clinical trial이라고 한다.

Ongoing **clinical trial** shows that diabetics should work out on a regular basis.

현재 진행 중인 임상 시험에 따르면 당뇨병 환자는 정기적으로 운동을 해야 한다.

▶ **감기에 걸리다**: catch a cold; come down with a cold

'병에 걸리다'라고 할 때 감기, 독감 등과 같은 전염병은 'catch a cold' 'catch the flu'라고 한다. 'come down with~'는 일시적이거나 가벼운 질병과 관련해 사용한다. 암과 같은 중증 질환의 경우에는 사용하지 않는다.
When seasons change, many people **catch a cold**.
환절기에는 감기에 걸리는 사람이 많다.

▶ **암에 걸리다**: develop cancer; be diagnosed with a cancer

암과 같은 중증 질환은 일시적인 전염병이 아니기 때문에 동사 'develop'을 사용해 표현한다.
Modern people are more likely to **develop cancer** due to environmental exposures and lifestyle choices.
현대인은 환경 노출과 생활방식으로 인해 암에 걸릴 확률이 높다.

▶ **조기발견**: early detection

'detect'라는 동사는 '찾아내다' '간파하다'라는 의미이다. 그 명사인 detection은 병이나 이상 징후를 발견하는 것을 뜻한다.
Artificial intelligence (AI) helps doctors with **early detection** and accurate diagnosis of cancer.
인공지능은 의사가 암을 조기에 발견하고 정확하게 진단하는데 도움을 준다.

▶ **소아비만**: child obesity; juvenile obesity

'obesity'는 비만이라는 뜻으로, 일반적으로 과체중을 의미하는

'overweight'과 혼용되기도 한다.

Child obesity is one of the most serious public health challenges of the 21st century.

소아비만은 21세기의 가장 심각한 공중보건 문제 중 하나이다.

▶ **성인병**: adult disease; lifestyle disease

나쁜 생활습관 등으로 인해 성인이 되면서 나타나는 신체 이상과 질병을 성인병이라 통칭한다.

The growing incidence of **adult diseases** worldwide becomes a global threat.

성인병 발병율의 증가는 세계적인 위협이 되고 있다.

▶ **호흡기 질환**: a respiratory disease

미세먼지(fine dust), 초미세먼지(ultra fine dust) 등으로 인해 호흡기 질환을 앓는 일이 늘고 있다.

As **respiratory diseases** rise, the government tightens air quality standards.

호흡기 질환이 증가함에 따라 정부는 대기질 기준을 강화하고 있다.

▶ **퇴행성 뇌질환**: degenerative brain disease

장수하는 인구가 늘어나면서 점점 퇴행성 뇌질환을 앓는 경우가 많다. 퇴행성이라는 의미는 한번 시작되면 회복되지 않고, 점점 나빠진다는 의미이다. 파킨슨씨병, 치매, 알츠하이머병, 헌팅턴 병 등이 대표적인 뇌질환에 속한다.

The lawmaker was found to suffer from **degenerative brain disease**.
그 의원은 퇴행성 뇌질환을 앓고 있는 것으로 밝혀졌다.

▶ 발병률: incidence

질병 통계를 말할 때 '유병율(prevalence)'은 이미 특정 질환을 앓고 있는 환자 비율이라면, 발병률(incidence)은 새로이 특정 질병이 생긴 환자 비율을 의미한다.

The growing **incidence** of obesity worldwide becomes a global threat.
비만 발병율의 증가는 세계적인 위협이 되고 있다.

▶ 약을 처방하다: prescribe medication; prescribe a drug

'prescribe'는 '처방하다'라는 의미로 의사가 필요한 약을 처방전(prescription)에 써준다는 뜻이다.

Telehealth doctors are also allowed to **prescribe medication**.
원격진료 의사들도 약을 처방할 수 있다.

▶ 일반 의약품: OTC medicine; over-the-counter medicine

Prescription 없이 약국이나 마트, 편의점 등에서 구입할 수 있는 약을 OTC라고 부르는 이유는 'over the counter' 즉 돈만 내면 상점의 카운터에서 맘대로 골라 살 수 있기 때문이다.

More **over-the-counter medicine** items are available at convenient stores.
편의점에 구입할 수 있는 일반의약품이 더 많아졌다.

▶ **병을 치료하다**: treat a disease; cure;

치료하다, 치유하다의 의미로 'treat'이나 'cure'를 사용하는데, treat a disease라고 하면 병을 치료하는 과정이라는 느낌이며, cure를 사용하면 '완치하다'의 의미가 되기 때문에 구분해서 사용할 필요가 있다.

A growing number of patients try natural treatments to **treat a disease**.
병을 치료하기 위해 자연요법을 시도하는 환자들이 늘어나고 있다.

▶ **통원치료**: outpatient treatment

입원하지 않고 외래환자로 치료받는 경우를 의미한다. 입원환자는 inpatient라고 하고, 외래환자는 outpatient라고 부른다.

The mayor didn't want to be admitted to a hospital and instead he preferred an **outpatient treatment**.
시장은 입원을 원하지 않고 대신에 통원치료를 원했다.

▶ **투병 중이다**: fight against a disease; live under medical treatment

'투병' 말 그대로 '병과 싸우다'는 의미로 'fight against a disease'라고 하면 병에 맞서 전투한다는 뜻이 된다.

The CEO has **fought breast cancer** for two years.
대표이사는 2년째 유방암 투병 중이다.

▶ **숙환으로 별세하다**: die of a chronic disease

숙환, 즉 오래된 질병이라는 의미이다. 급성질환은 'acute disease'이라고 하며 만성질환, 숙환은 'chronic disease'라고 표현한다.

The former president **died of a chronic disease**.

전 대통령은 숙환으로 별세했다.

▶ 부고: obituary; a notice of a death

사망 소식을 부고라고 부르는데 영어로 'obituary'라고 한다. 영어의 obituary는 우리나라와 달리 누구의 아버지, 어머니였는지가 아니라, 망자 본인에 대한 언급이 주로 이뤄진다.

His death was discovered only after his **obituary** was read in a local newspaper.

지역 신문에 부고가 실린 후에야 그가 죽은 것을 알게 되었다.

▶ 유족: the bereaved; the bereaved family; the family of the deceased

유족을 뜻하는 'the bereaved'에서 bereave는 사별하다, 여의다라는 의미이다. 고인은 'the deceased' 또는 'the dead'라고 하면 된다.

아래 문장에서 'be survived by ~'는 부고 기사에 흔히 등장한다.

The author **is survived by** her husband, Sam, and daughter Susan.

작가의 유족으로는 남편 샘과 딸 수잔이 있다.

▶ 조문하다: offer condolences to ~

'condolences'는 조의 또는 애도를 의미한다. 주의할 점은 반드시 복수로 사용해야 한다는 점이다. 'express one's condolences to ~'라고 해도 된다.

Many relatives and friends visited to **offer condolences to** the bereaved family.
친척과 친구들이 찾아와 유족에게 조문했다.

▶ 전염병 발생: the outbreak of epidemic; the emergence of infectious disease; the onset of contagious disease

코로나바이러스-19(COVID-19)로 전 세계가 혼비백산했을 때 한 지역에 국한되지 않고 온 세상으로 확산되는 전염병을 'epidemic'이라고 부른다. 전쟁, 화재, 질병 등의 발생, 발병을 'outbreak'은 나쁜 일이 터지다'를 의미하는 동사구 'break out'을 명사로 처리한 것이다.

The whole world suffered greatly from **the outbreak of** the lethal **epidemic** COVID-19.
전 세계가 치명적인 전염병인 코로나-19 발생으로 인해 큰 고통을 겪었다.

코로나가 걷잡을 수 없이 확산되어 전 세계를 공포로 몰아넣었던 2020부터 2022년까지의 상황은 'the pandemic outbreak'이었다. pandemic이 endemic되는 것 아니냐는 우려가 있었는데 어떤 차이가 있는지 아래 전염병을 의미하는 용어로 그 차이를 간단히 구분해보자.

- contagious disease: (일반적인) 전염병
- infectious disease: (일반적인) 전염병
- transferrable disease: (일반적인) 전염병
- pathogenic disease (박테리아, 바이러스 등에 의한) 전염병
- endemic: (특정 지역, 집단, 환경에 국한된) 풍토병

- epidemic: (빠른 속도로 확산되는) 전염병
- pandemic: (전 세계적인) 전염병

▶ 코로나 바이러스에 감염되다: be infected with the COVID 19

유행성 전염병 등에 감염된다는 의미로 'be infected with ~'라는 표현을 흔히 사용한다.

More than 40% of the residents have **been infected with the COVID 19**.

주민의 40% 이상이 코로나19에 감염되었다.

▶ 코로나 바이러스 검사를 받다: take the COVID-19 tests

코로나가 유행할 때 한, 두 번 코로나 검사를 받아본 적이 있을 것이다. 특히 길다란 면봉(nasal swab; brain tickler)을 코에 깊이 찔러 넣어 눈물이 찔끔 나오게 만드는 검사는 생각만해도 아찔하다. 시험을 치른다는 표현과 마찬가지로 '검사 받다'를 'take a/the ~ test' 'get tested for ~ ' 'undergo ~ testing'이라고 한다.

Virtually all people were required to **take the COVID-19 tests** during its outbreak.

코로나19가 확산되는 동안 거의 모든 사람이 코로나19 검사를 받아야 했다.

▶ 검사결과가 음성으로 나오다: the test comes back with negative; test negative for ~

검사 결과가 음성 즉 'no presence of the coronavirus'이라는 의미이다. 쉽게 test를 동사로 사용해서 'test negative'라고 표현할 수 있다.

Nobody was allowed to return to work until **the COVID-19 test came back with negative**.

코로나19 검사 결과가 음성으로 나올 때까지 아무도 업무에 복귀할 수 없다.

= The test result was negative.

= The test came back with a negative result.

= The test showed no presence of the virus.

= they tested negative for COVID 19.

▶ **격리하다**: separate; isolate; quarantine

사회적 동물인 사람이 타인과 접촉이 차단되고 격리되는 일은 참으로 슬픈 일이다. 격리, 분리 등의 의미로 일반적으로 isolate, separate을 동사로 사용하고, 조금 어려운 단어로 quarantine이라고 표현하기도 한다.

If you test positive for COVID-19, you're recommended to **isolate** yourself from others to prevent spreading the virus.

코로나19 양성 판정을 받으면, 바이러스 확산을 막기 위해 다른 사람으로부터 격리하는 게 좋다.

= separate yourself from others

= quarantine yourself from others

= isolate yourself in quarantine from others

▶ **~ 백신접종을 하다**: get vaccinated for ~ ; get ~ vaccination

'주사를 맞다'라고 할 때 'get/have/receive a shot for ~' 예를 들어 '독감 주사를 맞았다'라고 하면 'I got a shot for flu' 또는 'I got a flu shot'이라

고 한다.

'백신 주사를 맞다'라는 표현으로 'get vaccination' 'get vaccinated'라고 한다.

<u>Getting vaccinated</u> is an important way of reducing the potential risks of severe illnesses from COVID 19.

백신 접종은 코로나19로 인한 중증 질환의 잠재적 위험을 줄이는 중요한 방법이다.

▶ 개인위생을 철저히 하다: thoroughly maintain personal hygiene practices; practice personal hygiene thoroughly

'철저히'는 thoroughly, rigorously, diligently 등으로 표현할 수 있다

전염병이 극성일 때 특히 개인 위생에 대한 언급이 빠지지 않는다. 우리말에 '위생'에 해당하는 영어 표현으로 hygiene과 sanitation이 있지만 실제 의미에는 약간의 차이가 있다. 개인적인 위생을 의미할 때는 hygiene을 사용하고, 그 밖의 화장실, 부엌 등의 시설이나 하수처리, 용변처리 등의 위생을 의미할 때는 sanitation을 사용한다.

All employees are strongly recommended to <u>thoroughly maintain personal hygiene practices</u>.

모든 직원은 개인위생 수칙을 철저히 지킬 것을 권고한다.

2. 병명

감기	cold
독감	flu; influenza
폐렴	pneumonia
결핵	tuberculosis
천식	asthma
당뇨병	diabetes
갑상선 기능 항진증	hyperthyroidism; overactive thyroid
저혈압	hypotension; low blood pressure
고혈압	hypertension; high blood pressure
동맥경화	artery hardening; arteriosclerosis
고지혈증	hyperlipidemia; high cholesterol
통풍	gout; painful joint (attack)
뇌졸중	stroke; apoplexy
뇌경색	cerebral infarction
뇌출혈	cerebral hemorrhage
심근경색	cardiac infarction; myocardial infarction
심장마비	cardiac arrest; heart attack
부정맥	irregular pulse; arrhythmia
치매	dementia; Alzheimer's disease
파킨슨씨병	Parkinson's disease
신우염	pyelitis; kidney infection
신우신염	pyelonephritis; kidney infection

신장결석	kidney stone; renal calculus
요로감염	urinary tract infection
빈혈	anemia; low iron; tired blood
백혈병	leukemia; blood cancer
관절염	arthritis; joint pain; aching joints
골다공증	osteoporosis; brittle bones
학질, 말라리아	malaria
이질	dysentery
맹장염	appendicitis; appendix pain; inflamed appendix
변비	constipation; trouble with poop
치질	hemorrhoids; piles
매독	syphilis
임질	gonorrhea
전염병	epidemic; infectious disease; contagious disease
우울증	depression; hypochondria
공황장애	panic disorder
조울증	manic depression; bipolar disorder
조현병(정신분열)	schizophrenia
편집증	delusional disorder; paranoia
과대망상증	insanity of grandeur; megalomania
여드름	acne
무좀	athlete's foot
화상	burn

찰과상	scratch; abrasion
부스럼	boils
피부염	dermatitis
건성피부염	psoriasis
대상포진	shingles; herpes zoster
습진	eczema
옴	scabies

3. 병원 진료과목

내과	internal medicine
소화기내과	gastroenterology
호흡기내과	pulmonology
신장내과	nephrology
류마티스내과	rheumatology
혈액종양내과	hemato-oncology; blood tumor
내분비내과	endocrinology
알레르기내과	allergy and clinical immunology
심장내과	cardiology
감염내과	virology; infectious disease
일반외과	general surgery
신경과	neurology
신경외과	neurosurgery
신경정신과	neuro psychiatry
정신과	psychiatry
정형외과	orthopedics
성형외과	plastic surgery
(대장)항문외과	proctology
흉부외과	chest surgery; thoracic surgery
산부인과	obstetrics & gynecology
안과	ophthalmology
이비인후과	ear, nose & throat (ENT) otolaryngology

비뇨기과	urology
피부과	dermatology
치과	dentistry; odontology
산업의학과	occupational medicine
소아청소년과	pediatrics & adolescents
마취통증의학과	anesthesiology
방사선과	radiology
재활의학과	rehabilitation medicine
진단검사의학과	clinical pathology
해부병리과	anatomical pathology
진단혈액과	diagnostic hematology
대체의학	alternative medicine
응급의학	emergency medicine
병실, 입원실	ward; hospital room
중환자실	intensive care unit(ICU)
수술실	surgery center, operating room(OR)
응급실	emergency center
영안실	(hospital) mortuary
약제실	pharmacy; pharmaceutical lab
의무기록실	medical records room
검진센터	health medical check-up center
접수처	hospital reception; hospital entrance
입원과	admission section
퇴원과	discharge section

4. 의료종사자 명칭을 영어로

의사, 간호사, 응급구조사, 요양보호사 등등 심심찮게 뉴스에 등장하기 때문에 이와 관련해 의료 관련 종사자들에 대한 명칭을 영어로 정리해 본다. 영어권, 예를 들어 미국, 호주, 캐나다 등에는 전문간호사제도를 운영해 경우에 따라서는 단독으로 의사의 처방 상관없이 진료 및 치료가 가능하다.

의료진	medical professionals
	healthcare professionals
의사	physician; doctor
전문의	specialist
일반의	general practitioner;
	family physician
전문간호사	nurse practitioner
간호사	nurse
간호조무사	nurse's aide; nursing assistant
전문응급구조사	EMT-paramedic; paramedic
응급구조사	paramedic
	Emergency medical responder
	emergency medical technician
구급대원	ambulance worker
요양보호사	care worker; care aide; care assistant
노인요양보호사	geriatric care helper
	senior care aide
	elderly care assistant

5. 한의학과 주요 용어

한의학은 Korean Medicine또는 Traditional Korean Medicine이라 부르고, 한의사는 Korean medicine doctor라고 하면 좋다. 물론 한의학을 oriental medicine 또는 Chinese medicine이라고 불러야 하지 않느냐고도 하지만, 양의학이 들어오기 전부터 우리나라에 있던 의학이니 당연히 Korean medicine이라 하는 것이 맞다. 특히 절대 Chinese medicine이라고 하지 말아야 한다. 이건 문자 그대로 중의학이다. 한 가지 traditional이 들어가면 낙후된 치료법을 쓰는 것 같이 들리지 않느냐는 말을 많이 하지만, 그럴 가능성이 전혀 없는 것은 아니지만 자부심과 철학의 문제가 아닐까 한다. 그래서 간단하게 Korean Medicine이라고 하면 좋다는 얘기이다.

한의학 관련 주요 용어 및 표현

한약	herbal medicine
탕약	decoction; herbal infusion
고약, 고제	adhesive plaster
환약, 환제	pill
산제	powder
침	acupuncture
부항	cupping therapy; cupping treatment
(쑥)뜸	(mugwort) moxibustion; (moxa) cautery
사혈요법	bloodletting; phlebotomy; drawing blood therapy
어혈	static blood; stagnant blood

추나요법	Chuna manual medicine; Chuna therapy; Chuna manipulation
사상체질	Sasang constitution medicine Four constitution medicine
진맥하다	take a patient's pulse feel the pulse
침을 놓다	insert (acupuncture) needles into ~
경락혈	meridian points
기를 자극하다	stimulate energy flow Influence the flow of vital energy (Qi)
뜸을 뜨다	cauterize ~ with moxa apply moxa on/ over ~
부항을 뜨다	apply cupping treatment place circular marks on the skin
사혈하다	draw static blood

6. 뉴스에 단골로 등장하는 의학저널

뉴스에 단골로 언급되는 의학저널은 세계적 권위를 자랑하는 의학분야 학술지이다. 엄격한 peer-review를 거쳐 실리는 논문들이고, 이에 따라 우리의 건강에 대한 최신정보의 믿을 수 있는 근거로 활용된다. 영어권 의학저널만을 한정해 몇 가지만 제시한다. 아래 소개하는 저널은 순위와 상관없이 알파벳 순서로 나열한 것이다.

1) The New England Journal of Medicine (NEJM)
2) Journal of the American Medical Association (JAMA)
3) The Lancet
4) British Medical Journal (BMJ)
5) Nature Medicine
6) Cell
7) Science Translation Medicine
8) JAMA Internal Medicine
9) PLOS Medicine
10) Cell Metabolism
11) Journal of Clinical Oncology (JCO)
12) American Journal of Respiratory and Critical Care Medicine (AJRCCM)

XI. 사건 사고 뉴스

핵심표현
법집행과 친한 사람들
세상의 모든 죄
음주운전 근절 슬로건

사건 사고 뉴스
(Incidents & Accidents News)

뉴스가 매일 전하는 소식 중에 밤사이 사건, 사고가 있다. 교통사고를 비롯한 다양한 범죄 사건에 대한 소식이 끊이지 않는다. 화재, 붕괴, 교통사고를 비롯해 시위, 집회, 소송, 층간소음으로 인한 보복 범죄, 성폭력, 데이트 폭력, 강도, 살인 등의 흉악범죄투성이다. 사건, 사고 중 범죄자 관련한 뉴스에 자주 등장하는 어휘와 표현을 정리했다.

1. 핵심표현

▶ 죄를 짓다: commit a crime; break a law

'sin'은 종교적으로 신의 뜻을 어기는 행위이고, 법을 어기는 행위는 crime 또는 criminal offense라고 한다.

There is growing concern about more foreigners **committing crimes** in the city.

도시에서 범법행위를 저지르는 외국인들에 대한 우려가 늘어나고 있다.

▶ 경범죄로 벌금형을 받다: be fined for misdemeanor

'fine'은 '벌금', '벌금을 부과하다'라는 의미로 사용한다. 벌금, 구류 등의 가벼운 처벌이 따르는 노상방뇨, 음주소란 등의 가벼운 범죄를 경범죄라고 한다. misdemeanor, minor crime 또는 lesser crime이라고 한다. 반대로 중범죄는 felony라고 한다.

The doctor **was fined for misdemeanor** last month.

그 의사는 지난 달에 경범죄로 벌금형을 받았다.

▶ 살인 용의자: a murder suspect

'suspect'는 '믿지 못하고 의심스러워 하다'라는 뜻이다. 그런 의심을 받는 사람을 용의자 또는 혐의자라고 한다.

The police are investigating a **murder suspect**.

경찰은 살인 용의자를 수사하는 중이다.

▶ 용의자를 소환하다: summon a suspect

조사를 위해 용의자를 경찰서로 불러 들이는 일을 '소환'이라고 한다. 영어로는 summon 또는 call in 이라고 하면 된다.

The police **summoned a suspect** for questioning overnight.

경찰은 밤샘 조사를 위해 용의자를 소환했다.

▶ 사기사건에 연루되다: be implicated in a fraud case

무언가 좋지 않은 일에 엮이는 것을 '연루되다'라고 표현한다. 영어로 'be implicated in ~' 'be involved in ~' 등을 사용하면 된다.

The mayor has **been implicated in** a fraud case.

시장은 사기사건에 연루되었다.

▶ 경찰서로 연행하다: take a person to a police station

'연행하다'는 뜻은 '조사 등을 위해 데리고 가다'라는 의미이니 좋은 말로 데리고 가는 거고, 실제는 강제로 억지로 끌고가는 셈이다.

The detective **took** the doctor **to the police station**.

형사가 그 의사를 경찰서로 연행했다.

▶ 지명 수배하다: put ~ on the wanted list; be put on the wanted list

'wanted list'는 공개수배, 지명수배 명단을 의미한다. '수배되다'는 'be wanted by the police'라고 표현하면 된다. She is wanted by the police. The police put her on the wanted list.
경찰은 그녀를 지명 수배했다.

▶ 도피 중이다: be on the run; go on the run

'on the run' 도망, 피신 중이라는 표현이다. 범죄자가 사법당국을 피해 도망 다니는 것을 의미한다.
The notorious drug lord is still on the run, making it difficult for law enforcement to track his movements.
악명 높은 마약왕은 여전히 도피 중이어서 사법당국이 그를 추적하는데 애를 먹고 있다.

▶ 경찰에 자수하다: surrender oneself to the police; give oneself in to the police

'surrender'는 주로 '항복하다'의 의미로 사용하는데, 여기서는 범죄자 등이 스스로를 포기하고 사법당국에 넘긴다는 의미이다.
Sophie, overwhelmed by guilt, surrendered herself to the police after days on the run for the manslaughter.
죄책감에 휩싸인 소피는 살해 혐의로 며칠 도주하다가 경찰에 자수했다.

▶ 공소시효가 만료되다: the statute of limitations expires

공소 즉 법원의 재판절차 요구를 의미한다. 잘잘못을 따지기 위한 기회를 가질 수 있는 기회인데 그 시효가 만료되면 모든 게 물거품이 된다.

The prosecution filed charges before **the statute of limitations expires**.

공소시효가 만료되기 전에 검찰은 기소했다.

▶ 절도 용의자를 심문하다: interrogate a burglary suspect

경찰 등이 용의자, 범인 등에게 묻는 것을 '심문하다'라고 표현하는데 영어로도 목적에 따라 examine, question, interrogate 등으로 표현할 수 있다. 다만 범죄 혐의점을 두고 가장 심도 있게 하는 심문이라면 'interrogate'이 적합하다.

The police officers **interrogated a burglary suspect** to gather information about the stolen property.

경찰관들은 도난품에 대한 정보를 파악하기 위해 절도 용의자를 심문했다.

▶ 체포하다: arrest

범죄 혐의 가 있는 사람을 수사를 위해 단기간 체포하고, 필요하면 유치장 등에 구속한다. 체포, 구속 그리고 검찰의 기소, 법원의 판결 등에 따라 처벌에 처해지는 순서가 있다. 그 첫 단계에 해당하는 체포를 arrest라고 흔히 표현한다.

The police **arrested** a burglary suspect.

경찰이 절도 용의자를 체포했다.

▶ 현행범으로 붙잡히다: be caught red-handed

범행 현장에서 불법행위를 하다가 잡히는 경우 '현행범'이라고 부른다. 굳이 표현하자면 'a red-handed criminal'이라고 할 수도 있지만, 영어로는 'be/get caught red-handed'라고 풀어서 사용하는 경우가 훨씬 더 자연스럽다.

She **was caught red-handed** stealing money from the cash register.
그녀는 금전등록기에서 돈을 훔치다 현행범으로 붙잡혔다.

▶ ~ 혐의를 받다: be suspected of ~

동사 'suspect'는 의심 또는 명사로는 용의자라는 뜻이다. Be suspected of~ 라고 하면 ~ 의심을 받다, 즉 '혐의를 받다'라는 의미가 된다.

She **is suspected of** culpable homicide.
그녀는 과실 치사 혐의를 받고 있다.

▶ ~ 혐의로: on charges of ~

~죄를 지은 혐의라고 할 때 'charge'라고 표현하고 관용적으로 on charges of ~라고 한다.

Police are investigating two public officials **on charges of** misconduct.
경찰은 두 명의 공무원을 직권 남용 혐의로 조사하고 있다.

▶ ~ 혐의에 대해 조사하다: investigate the allegation

앞에서 혐의라는 표현을 'suspicion' 'charge'라고 했는데, 영어로도 뉘앙스가 비슷하다. 신문기사에서도 이 부분을 명확하게 구분하지 않고 비슷한 맥락으로 사용하는 경우가 많다.
suspicion은 가장 비공식적인 표현으로 의심정도에 해당한다.

charge는 범죄에 대한 혐의 또는 기소라는 의미로 사용되기도 한다. 문맥을 잘 살펴야 하는 단어이다.

allegation은 주장, 진술 등에 따른 의심이 가는 상황이라는 의미를 담고 있다. 어디까지나 혐의이고 '~카더라' 등의 '설'이라고 봐야 한다.

The prosecution has **investigated the allegations** against the politician.

검찰은 그 정치인에 대한 혐의점들을 조사했다.

▶ **불구속 입건하다**: book a person without detention

입건은 경찰이나 검찰이 정식 형사 사건으로 조사를 개시하는 것을 의미한다. 구속은 신체이동의 자유를 속박하는 것이므로 여기서 'without detention'은 유치장 등에 가두지 않고 피의자 신분으로 조사를 받는다는 의미가 된다.

The police **booked** the mayor **without detention** on charges of alleged corruption.

경찰은 부패혐의로 시장을 불구속 입건했다.

▶ **구속 수사를 받다**: be taken into custody for questioning; be detained for questioning

detain이나 'take a person into custody'라고 하는 말은 신체적 자유를 속박하는 구속을 의미한다. 최종적으로 감옥에 수감한다는 의미라기 보다 조사를 위해 단기간 신체적 자유, 이동의 자유를 억압하는 경우를 의미한다.

He **was taken into custody for questioning** by the prosecution.

그는 검찰의 구속 수사를 받고 있다.

▶ 구속영장을 청구하다: request an arrest warrant

피의자를 구속하고자 할 때 검사는 법원에 구속영장을 청구한다. 이를 arrest warrant라고 부른다.

The prosecutors **requested an arrest warrant** for the individual accused of embezzling funds from the company.

검찰은 회사 자금횡령 혐의를 받고 있는 개인에 대한 구속영장을 청구했다.

▶ 기소하다: indict

'기소'는 검사가 법원에 심판을 해달라는 요구를 의미한다. 경찰의 수사를 거쳐, 검사가 마땅히 죄가 있으니 이제 벌을 받아야 하고 그 벌의 정도를 재판을 통해 처리한다는 절차이다. 여기서 indict는 c가 묵음이라는 점에 유의해야 한다. 명사는 'indictment'이다.

The principal **was indicted** on charges of attempted rape.

그 교장은 강간미수 혐의로 기소되었다.

▶ 구속영장이 기각되다: a/the arrest warrant was dismissed

구속영장을 청구했으나 법원이 필요 없다고 판단하면 기각된다. 즉 무효로 또는 없던 일로 없애버린다는 뜻이다. '기각하다'의 의미로 동사 'dismiss' 'quash' 'revoke' 'cancel' 등을 사용할 수 있다.

The prosecutor requested **an arrest warrant**, but it **was dismissed**.

검사가 구속영장을 신청했지만 기각되었다.

▶ 무혐의로 풀려나다: be released without any charges

혐의점이 있어 조사를 했지만 아무런 범법의 증거도 없으면 더 이상의 사법처리를 하지 않고 풀어주게 된다. 이를 표현하는 것이라면 위와 같이 표현한다. 비슷하지만 조금 뉘앙스가 다른 표현으로 'be acquitted'는 재판에서 무혐의 처리되었다는 의미가 된다.

The scientist was released without any charges.

과학자는 무혐의로 풀려났다.

▶ 유죄를 인정하다: plead guilty

'plead'는 간곡하게 부탁하다 또는 재판 등에서 유, 무죄라고 답변하다라는 뜻이다. 미국이나 영국의 뉴스 또는 드라마, 영화 등에서 피고가 'guilty' 즉 나는 유죄입니다라고 죄를 인정하는 이유는 한 마디로 유죄협상을 하는 절차인 셈이다. 'please bargaining'을 '유죄협상제도'라고 부르는데 우리나라는 유, 무죄 판단은 전적으로 판사가 하기 때문에 영화나 드라마처럼 유죄를 인정하는 조건으로 검사와 피고가 협상, 타협을 하는 경우는 사실상 없다고 볼 수 있다.

After considering the evidence against him, the accused chose to plead guilty in court.

자신에 대한 증거를 고려해보고나서 피고는 법정에서 유죄를 인정하기로 선택했다.

▶ 판결하다: rule, make a ruling,

판사(judge)가 '판결하다'라고 할 때 영어로 'rule' 'make a ruling'이라고 표현한다. 판결에 유, 불리에 따라 'rule against ~' 또는 'rule in favor of ~'라고 하면 된다.

The judge ruled in favor of the defendant, not the plaintiff.

판사는 원고가 아니라 피고에게 유리한 판결을 내렸다.

▶ 무기징역형을 선고받다: be sentenced to life imprisonment

'sentence'는 동사로 '~ 형을 선고하다'는 뜻이다. 'pass a sentence'라고 해도 된다.

무기징역은 평생 감옥에 투옥되는 형벌이므로 'life imprisonment' 'life sentence' 또는 그냥 'life'라고 하고, 5년 징역형은 'five-year imprisonment'라고 한다.

The ferocious criminal was sentenced to life imprisonment.
그 흉악범은 무기징역을 선고받았다.

▶ 교도소에 수감되다: be locked up in jail; be put behind bars

'수감, 투옥되다'라는 말을 조금 어려운 단어로 'be incarcerated' 또는 'be imprisoned'라고 한다. 뉴스에는 나올법한 단어이다. 영화나 드라마에도 나오겠지만 'be put behind bars'는 이해하기 쉬운 표현이다. 쇠창살 뒤에 놓이다, 즉 '수감되다'라는 뜻이다.

At last, the accused is now locked up in jail.
마침내 피의자는 이제 수감되어 있다.

▶ 보석으로 풀려나다: be released on bail

보석(bail)은 '보증 석방'을 뜻한다. 즉 석방 보증금을 받고 구속 중인 피고인을 풀어주는 것이다.

People were shocked to discover that the accused **was released on bail**.
사람들은 피고가 보석으로 석방되었다는 소식에 충격받았다.

▶ **복역하다**: serve time in prison; serve a prison sentence

유죄 판결 후 징역형을 선고받아 감옥에 투옥되어 복역하는 것을 영어로 'serve time in prison'이라고 한다.

The offender is currently **serving time in prison**.
가해자는 교도소에서 복역 중이다.

▶ **가석방되다**: be released on parole; be paroled

형기만료 전에 조건부로 석방하는 제도를 가석방이라고 부른다.

The CEO **was released on parole** after serving two years in prison.
대표이사는 2년 복역을 마치고 가석방되었다.

▶ **모범수로 조기석방되다**: be granted early release for good behavior; be released early for good behavior

어디에나 모범이 되는 사람이 있기 마련이다. 감옥에서도 그런 사람을 model prisoner라고 부른다.

The convicted felon **was granted early release for good behavior**.
유죄판결을 받은 중범죄자는 모범수로 조기 석방되었다.

▶ **만기 출소하다**: complete one's prison sentence and is released

징역형을 모두 마 마치고 석방되는 것을 뜻한다.
The heinous criminal <u>completed his prison sentence and was released</u> yesterday.
흉악범은 어제 만기 출소했다.

▶ 사기를 당하다: be swindled; be scammed; fall victim to fraud

사기를 영어로 'scam' 'swindle' 'fraud'로 표현한다.
Both the young and the elderly are susceptible to <u>being swindled</u>, falling victim to deceptive schemes.
노인뿐 아니라 젊은이들도 사기를 당해 사기 행각의 피해자가 될 수 있다.

▶ 보이스 피싱 사기: voice phishing scam

피싱이라는 말이 들어가 낚시를 연상하기 쉽지만 영어로는 phishing으로 쓴다. 공기관, 사법당국 등을 사칭해 개인정보를 훔치고 금전적 피해를 입히는 사기 범죄를 일컫는 용어이다. 영어로는 보통 'phishing scam'이라는 표현이 자주 사용된다. 또한 보이스피싱을 'vishing'이라고 부르기도 한다.
<u>A voice phishing scam</u> often tricks the elderly with calls posing as trusted entities.
보이스 피싱 사기는 신뢰할 수 있는 기관을 사칭하는 전화로 노인을 속이는 일이 자주 발생한다.

▶ 보이스 피싱 범죄가 기승을 부린다: voice phishing scams are rampant

보이스 피싱으로 인한 피해가 극심하고 고통받는 이들이 너무 많아 걱정이다. 이럴 때 '기승을 부린다'고 표현한다. 영어로는 'be widespread' 'be rampant' 'be surging' 등으로 표현할 수 있다.
Voice phishing scams are rampant in many Asian countries.
보이스피싱 사기가 아시아 국가에서 기승을 부리고 있다.

▶ **기관을 사칭하다**: impersonate trusted institutions

'사칭'은 거짓으로 속인다는 뜻이다. 'pose as trusted entities' 'impersonate trusted(trustworthy) institutions'라고 표현하면 보이스 피싱 사건에 흔히 등장하는 상황을 가장 잘 나타낼 수 있다.
Phishing scams targeting the elderly, with swindlers **impersonating trusted institutions**, frequently result in significant financial losses.
기관을 사칭하는 사기꾼이 노인을 대상으로 하는 피싱 사기로 인해 상당한 금전적 손실을 입는 경우가 많다.

▶ **보이스 피싱 조직을 일망타진하다**: round up a group of phishing scammers

'한 방에 다 잡다' 일망타진하다를 영어로 'round up a group of ~' 또는 'arrest ~ in one big raid'라고 표현한다.
The police, in collaboration with Interpol, successfully **rounded up a group of phishing scammers**.
인터폴과 공조를 통해 경찰은 보이스피싱 조직을 일망타진했다.

▶ **보이스 피싱 총책을 검거하다**: arrest the voice phishing

scam leader

여기서 '총책'이란 말은 총괄적인 책임을 맡은 의미라기보다, 범죄 조직의 우두머리를 표현하는 단어이다. 긍정적인 맥락에서는 'chief' 'leader' 'architect' 'mastermind' 등을 사용해도 되지만, 범죄 관련해서는 'kingpin' 'overlord' 'lord' 'ringleader' 정도로 표현하면 된다.

The police finally arrested the **voice phishing scam leader** in China last night.

경찰은 마침내 보이스 피싱 조직의 총책을 어젯밤 중국에서 체포했다.

▶ 마약사범: a drug offender

마약관련 불법행위, 범죄를 저지르는 사람을 마약사범이라고 부른다. 우리나라 뉴스에도 마약사범에 대한 소식이 끊이질 않고 있다.

불법 환각물질 및 마약류를 칭하는 영어 단어로 marijuana, drug, narcotics, hallucinogens, opium, methamphetamine 등이 있다.

South Korea is witnessing a rise in young **drug offenders**, reflecting a concerning trend in substance abuse.

한국에 젊은 마약사범이 증가하고 있는데, 이는 약물 남용의 우려스러운 추세를 보여주고 있다.

▶ 마약밀수 범죄: drug smuggling case; drug trafficking case

밀수, 밀거래 등을 'smuggling' 또는 'trafficking'이라고 표현한다. 사람을 뜻하는 어미 '-er'을 붙여 'smuggler' 'trafficker'라고 하면 밀수업자, 밀거래업자라는 뜻이 된다. 참고로 '인신매매'를 'human trafficking'이라고 한다.

The number of **drug smuggling cases** in Korea is sharply increasing.
마약 밀수범죄가 한국에서 급증하고 있다.

▶ 국제공조 수사: international collaborative investigation

마약범죄 단속을 위해서는 외국의 경찰이나 인터폴 같은 국제 단체와 공조가 필수라 할 수 있다. 공조 수사는 'collaborative investigation' 또는 'cooperative investigation' 등으로 표현하거나 'investigate ~ in collaboration with ~'로 표현해도 된다.

<u>International collaborative investigation</u> is crucial for busting drug smuggling organizations.
마약밀수 조직을 적발하려면 국제 공조수사가 필수이다.

▶ 음주운전: drunk driving; drinking and driving; driving under the influence of alcohol

음주운전은 명백히 범죄행위이다. 특히 타인의 생명에 위협이 되고 목숨을 앗아갈 수 있기 때문에 특히 해서는 안된다. 영어로 흔히 'drunk driving'이라 하고, 'driving under the influence of alcohol' 줄여서 DUI 또는 driving while intoxicated(DWI)라고 표현한다.

The police are cracking down on as **drunk driving** accidents have recently increased.
최근 음주운전 사고가 증가함에 따라 경찰의 단속이 강화되고 있다.

▶ 상습 음주운전으로 체포되다: be arrested for repeat drunk

driving offences

'상습적으로'라는 표현을 repeat, habitual, chronic 등을 이용해 나타낼 수 있다.

- habitual drunk driving offences
- repeat drunk driving offences
- serial DUI offences
- inveterate drunk driving offences

The mayor candidate has **been arrested for** repeat drunk driving offences.

그 시장 후보는 상습 음주운전으로 체포되었다.

▶ 양심적 병역거부: conscientious objection of mandatory military service

우리나라는 신체 건강한 남성은 국방의 의무를 다해야 한다. 그런데 종교, 가치관, 신념 등의 이유로 병역을 거부하는 소위 양심적 병역거부가 사회적 문제로 그리고 의무를 이행하지 않아 처벌받는 일도 늘어나고 있다. 여기서 양심적이란 단어는 양심이라는 영어 단어 conscience의 형용사를 사용해 표현하고, 거부는 objections 또는 refusal 등으로 나타내면 된다. 단 사용하는 전치사가 다르니 주의하기 바란다. 'objection to mandatory military service' 또는 'refusal of mandatory military service'라고 써야 한다.

Ironically, the vice minister candidate of defense was indicted in his 20s for **conscientious objection to mandatory military service**.

아이러니하게도 국방부 차관 후보자는 20대에 양심적 병역 거부로 기소되었다.

▶ **병역의무를 거부하다**: refuse mandatory military service; oppose mandatory military service

'거부하다'의 의미로 refuse, oppose, resist를 사용하거나 신문 등의 뉴스에서 'voice one's objection to ~'도 심심찮게 등장하니 기억해 두면 좋다.

Although the candidate <u>voices his objection to mandatory military service</u>, he was found to frequently enjoy playing violent and war games.

후보자는 병역 의무에 반대의 입장을 표명하지만, 폭력적인 전쟁 게임을 자주 즐기는 것으로 밝혀졌다.

2. 법집행과 친한 사람들

경찰관	policeman, officer, police officer, cop, sheriff, state trooper, highway patrol officer
과학수사관	crime scene investigator
검시관	coroner
사법경찰	judicial police
군사경찰	military police, MP
형사	detective
피해자	victim
가해자	offender
용의자	suspect
범죄자	criminal, offender, culprit, felon
공범	accomplice
검사	prosecutor, attorney(미국)
변호사	lawyer, solicitor(영국), attorney(미국) barrister(영국)
판사, 법관	judge, justice(대법관)
피고	defendant
원고	plaintiff
죄수	prisoner
기결수	convict
보호감찰관	probation officer
가석방감찰관	parole officer
전과자	ex-convict, ex-con
간수	prison officer, guard, warden

3. 세상의 모든 죄

다음은 우리나라 경범죄 처벌법[33]에서 정한 경범죄 중 일부를 선별해 작성했다.

경범죄(misdemeanor)

흉기 은닉휴대	carrying concealed weapons
물품강매 호객행위	Inertia selling of goods and solicitation
쓰레기 투기	Littering on streets
노상방뇨	Urination on streets
자연훼손	Damaging nature
구걸행위	Begging
불안감 조성	Creation of insecurity
음주소란	Drinking disturbance
물건 던지기 등 위험행위	Throwing things and other dangerous conducts
위험한 동물의 관리소홀	Negligence management of dangerous animals
동물 등에 의한 행패	Violence using animals
과다노출	Obscene exposure
무단침입	Trespass
무임승차 및 무전취식	Fare evasion and defrauding restaurants
장난전화 등 지속적 괴롭힘	Consistent harassment

중범죄(felony)

우리나라는 중범죄를 규정한 조문이 존재하지 않는다. 이유는 독일과 일본 형법 영향을 받아 관련 형법이나 형사소송법에 중범죄 규정이 없기 때문이다.

시사영어의 관점에서 미국이나 영국에서 중범죄로 간주하는 일종의 강력범죄 (violent crimes) 흉악범죄(heinous crimes)를 기준으로 한다.

살인	murder; homicide
살인방조	accessory to murder
	accomplice to murder
살인미수	attempted murder
과실치사	manslaughter
강도	robbery
절도	burglary; grand theft
가중폭행	aggravated assault
방화	arson
납치	kidnapping
성폭력/강간	sexual assault; rape
강간미수	attempted rape
마약거래	drug trafficking
사기	fraud
신분도용	identity theft
돈세탁	money laundering
무기범죄	weapons offenses
화이트칼라 범죄	white-collar crimes
공갈	racketeering
갈취	extortion
테러	terrorism
컴퓨터범죄	computer crimes

인신매매 human trafficking

4. 음주운전 근절 슬로건

음주운전을 예방하고 근절하기 위한 다양한 캠페인이 우리나라뿐 아니라 전 세계에서 진행되고 있다. 먼저 아래 문구는 무엇인지 알아보자.

Dirnk Repsnosilby

Bwedusier

Cronoa

첫 번째는 'Drink Responsibly'를 철자를 틀리게 쓴 것이고, 두 번째와 세 번째는 각각 유명 맥주 브랜드 이름 Budweiser와 Corona의 철자를 틀리게 표기한 것이다. 원래 'drink responsibly'는 100년 전 미국의 안호이저 부시 (Anheuser-Busch) 맥주 회사가 시작한 음주운전 예방 캠페인으로 가장 널리 사용된다. 그래서 이 문구자체가 별 효과가 없다는 연구결과도 많다. 아무튼 이 회사의 남미 자회사 정도되는 AmBev가 유명 맥주 브랜드의 철자를 뒤섞어서 방송과 대형 광고판 등에 선보였다.[34] 하루 뒤 회사는 음주운전의 위험성을 알리고자 이런 캠페인을 벌였다고 발표했다. 효과는 엄청났다고 한다.

영어권 국가에서 흔히 음주운전 하지 말라는 내용을 담은 캠페인 표어[35]를 살펴보자. 의미는 한결같기에 해석은 여러분들 몫으로 남겨둔다. 읽어보고 절대 음주운전은 하지 말아야 한다는 생각을 하기 바란다.

Drinking Responsibly Means No Driving After
Save a Life - Don't Drink and Drive
Don't Drink and Drive - Arrive Alive!

You booze, you cruise, your lose

Friends Don't Let Friends Drive Drunk

Think Before You Drink, Think Before You Drive

Your Life is a Precious Gift - Don't Drink and Drive

Drinking + Driving = Disaster. Choose Wisely

Drunk driving is a killer disease

Under the influence, under arrest

Stay Sober, Stay Safe - Don't Drink and Drive

Enjoy the Party, But Plan for a Sober Ride Home

Drive Sober or Get Pulled Over

Sober driving today. Alive tomorrow

Make the Right Choice - Choose a Sober Ride Home

Don't Mix Your Drinks with Driving. Keep It Safe

A Night Out Should End with a Safe Ride Home, Not in Tragedy

Buzzed Driving is Drunk Driving

If You Dirnk and Drive, you're going to make someone cry

Your Loved Ones are Waiting at Home - Don't Risk It

A designated driver helps you party another day

XII. 날씨 뉴스

핵심표현
기상뉴스 단골 용어 및 표현
10대 기상 경보와 주의보
악천후 표현

날씨 뉴스(Weather News)

뉴스의 절반은 날씨가 아닐까? 아니 뉴스를 보거나, 듣지 않아도 날씨 는 챙기는 게 현대인에게 필수이다. 날씨 뉴스는 원래 최고기온, 최저기온, 일출과 일몰 정도만으로 충분했는데 이제는 미세먼지, 초미세먼지, 대기오염물질, 강수량, 태풍, 해일, 지구온난화, 기상이변 등 이제 지구는 정말 바람 잘 날이 없다. 다음은 날씨와 관련해 우리가 자주 접하는 어휘와 표현들이다.

1. 핵심표현

▶ **기상청**: the Korea Meteorological Administration

일기예보를 담당하는 우리나라 최고의 전문기관 기상청.

Fewer people are seeking to obtain weather information from the **Korea Meteorological Administration**.

기상청에서 날씨 정보를 얻으려는 사람들이 점점 줄어들고 있다.

▶ **일기예보에 따르면**: the weather forecast predicted; the weather report said ~ ; according to the weather forecast,

일기예보는 일반적으로 weather forecast 또는 weather report라고 표현한다.

The weather forecast predicted heavy rain this afternoon across the central area of the country.

일기 예보에 따르면 오늘 오후 중부 지역에 폭우가 내릴 것으로 예상된다.

일기예보에 따르면 ~

The weather outlook suggested ~

The meteorological forecast said ~

The weather prediction showed ~

According to the weatherperson/ weather reporter ~

- weatherman을 흔히 사용하지만, 보도하는 사람이 여성일 수도 있으므로 성중립적으로 weatherperson 또는 weather reporter라고 표현하기도 한다.

▶ 아침 최저기온: morning low

일기예보에 단골로 등장하는 '아침 최저기온'을 'morning low'라고 한다. 그럼 낮 최고기온은? 'daytime high'

The city's **morning low** plummeted to minus 15 degrees Celsius yesterday.

어제 아침 최저기온이 섭씨 영하 15도로 뚝 떨어졌다.

▶ 낮 최고기온도 영하에 머물다: daytime high remains below freezing temperature

위에서 아침 최저에 대비되는 말로, 낮 시간 즉 daytime에 최고기온 high라고 표현한다.

The daytime high will **remain below zero degrees Celsius** today.

오늘 낮 최고기온은 영하에 머물 것이다.

▶ 수은주가 떨어지다: mercury plunges

요즘은 보기 드물지만, 기온계에 사용하는 빨간 액체 성분은 메틸 알콜이고,

체온계에 사용하는 은색 액체는 수은이다. 수은주는 '수은기둥'이라는 뜻이다. 기온 변화에 따라 수은의 팽창과 수축을 이용하던 아날로그 방식의 온도계를 사용할 때 만들어진 표현이다.

Bundle up as **mercury will plunge** tomorrow.

내일 수은주가 뚝 떨어질 것으로 예상되니 따뜻하게 입으세요.

▶ 악천후: bad weather; nasty weather

몹시 나쁜 날씨라는 뜻의 악천후를 영어로 표현할 때 온갖 나쁜 뜻을 가진 형용사를 사용한다. bad, nasty, severe, rugged, unsettled, foul, unfavorable weather라고 표현할 수 있다.

Bad weather is expected to persist throughout the weekend.

악천후는 주말까지 지속될 것으로 예상된다.

▶ 강수량: precipitation

강수는 precipitation이라고 하는데 땅에 떨어지는 비, 눈, 우박, 이슬, 서리 등도 포함된다. 비에 국한해서 얘기할 때는 'rainfall' 또는 눈은 'snowfall'이라고 하면 된다.

The metropolitan area is forecast to experience heavy **precipitation** tomorrow.

수도권 지역은 내일 많은 강수량이 예상된다.

▶ 집중호우: localized heavy rain

짧은 시간 동안 좁은 지역에서 내리는 많은 양의 비를 '집중호우' 또는 '국지성 호우'라고 한다.

Residents were advised to stay alert as the possibility of **localized heavy rain** increased.

집중 호우 가능성이 높아짐에 따라 주민에게 주의하라고 권유했다.

▶ 산간지역에 눈이 예상되다: snow is forecast in the mountainous regions

일기는 예보가 생명이기 때문에 가장 자주 사용되는 표현 중 하나로 꼭 기억해야 하는 것은 '~이 예상되다'이다. 이에 대한 영어표현으로 가장 자주 사용되는 것이 바로 '(날씨) be forecast in (지역) ~' '(지역) be expected to see (날씨) ~'이다.

Snow **is forecast in** the mountainous regions.
= The mountainous regions **are expected to** see snowfall.

산간지역에 눈이 예상된다.

▶ 대기오염: air pollution

대기오염, 공기오염은 air pollution이라고 하는데 다른 표현으로 atmospheric contamination이라고 해도 된다.

Air pollution is now regarded as the most pressing environment concern for Koreans.

대기오염은 한국인이 가장 시급히 해결해야 할 환경 문제이다.

▶ 중국발 황사가 ~를 덮칠 것으로 예상된다: yellow dust from

China is forecast to blanket ~

정확히는 중국이 아니라 고비사막과 내몽골발이라 해야 하겠지만 편의상 중국발이라 한다. 황사는 영어로 'yellow dust'라 표현한다. 황사, 미세먼지, 초미세먼지 등으로 인해 덮치다, 뒤덮다, 집어 삼키다라고 할 때 동사로 envelop, shroud, engulf, blanket을 사용해도 된다.

<u>Yellow dust from China is forecast to blanket</u> the Korean peninsula.

중국발 황사가 한반도를 덮칠 것으로 예상된다.

▶ 미세먼지 주의보를 발령하다: issue a fine dust advisory

주의보 또는 경보를 'advisory'라고 한다. 기상관련한 주의보라고 할 때 경보, 주의보의 의미로 'alert', 'warning', 'precaution' 등으로 표현한다.

The Korea Meteorological Administration <u>issued a fine dust advisory</u>.

기상청이 미세먼지 주의보를 발령했다.

▶ 미세먼지 농도가 높아지다: fine dust concentration rises

'미세한'을 영어로 fine이라고 표현한다. 초미세먼지는? ultra-fine dust라고 한다.

Residents were advised to take precautions such as wearing masks as the <u>fine dust concentration</u> in Korea <u>has risen</u> to unhealthy levels.

한국의 미세먼지 농도가 건강에 해로운 수준까지 높아져 주민들은 마스크 착용 등 예방조치를 취하라고 권고 받았다.

▶ 미세먼지 농도는 '아주 나쁨' 수준이다: fine dust level is bad

미세먼지 농도는 4단계로 표현한다. '좋음(good)', '보통(normal)', '나쁨(bad)', '아주 나쁨(very bad)'으로 나타낸다.

As **fine dust level is very bad** across the nation, the Korean Meteorological Administration issued a fine dust advisory this morning.

미세먼지 농도는 전국에 걸쳐 아주 나쁨 수준이라 기상청에서 미세먼지 주의보를 오늘 오전에 발령했다.

▶ 기상특보: a special weather report

특보는 special report(특별보도)이다. 악천후, 기상이변 등에 대한 주의하라고 내리는 조치이다. 우리나라는 10개항목에 대해 기상특보를 발령한다.

A special weather report was issued to warn coastal residents of an approaching typhoon.

해안지역 주민들에게 태풍이 다가온다는 기상특보가 발령되었다.

▶ 폭우가 쏟아지다: heavy rain hits ~

폭우를 영어로 heavy rain; torrential rain으로 표현한다.
여기서 동사 hit을 대신해 'pound', 'lash', 'engulf', 'strike'등을 대신해 쓸 수 있다.

Heavy rain hit the nation, causing widespread flooding in several cities.

전국에 폭우가 쏟아져 여러 도시에서 큰 홍수가 발생했다.

▶ 장마가 소강상태를 보이다: heavy rain hits ~

조금 잠잠한 상태를 소강상태라 하는데 이를 영어로 잠잠한 시기를 뜻하는 'lull'이라고 표현한다. lull은 동사로 '진정시키다'의 뜻이다.

The **rainy spell is in a lull**. = The rainy spell has let up.

장마가 소강상태이다.

▶ 태풍 영향권에 들다: come under the influence of the typhoon

여름만 되면 우리나라는 장마, 폭우, 홍수, 태풍 등의 악천후가 발생한다. 특히 태풍은 무시무시한 피해를 입힌다. 태풍은 열대저기압으로 태평양은 typhoon, 북중미는 hurricane, 인도양과 남반구는 cyclone[36]이라고 부른다.

The whole nation **came under the influence of the typhoon**, resulting in heavy rainfall and widespread power outages.

전국이 태풍의 영향권에 들었고, 폭우와 많은 지역에 정전이 발생했다.

▶ 대설주의보와 대설경보: heavy snow watch - advisory

기상특보에서 주의보, 경보를 발령하게 되는데 기상특보의 기준에 따라 정해지지만 그런 상세한 내용은 논외로 하고, 우리가 알아야 하는 것은 '주의보(watch)'보다 '경보(advisory)'가 더 강한 경고(alert; warning)라는 것이다.

A special weather report about heavy snowfall can be **heavy snow watch or heavy snow advisory**.

대설에 대한 특별 기상특보는 대설주의보, 대설경보로 나뉜다.

▶ 불볕 더위: scorching heat; sweltering heat

햇볕이 아니라 불볕이라고 할 정도로 뜨거운 날씨를 불볕더위라고 한다. 찜통더위로 비슷한 표현이라 할 수 있다. 마찬가지로 영어로 'scorching heat' 또는 'sweltering heat' 정도로 표현하면 된다.

Scorching heat is forecast to persist for more than a week.
불볕 더위가 일주일 이상 지속할 것으로 예상된다.

▶ 열대야에 시달리다: be affected by tropical nights

말만 들어도 잠을 못 잘 것 같은 열대야는 문자 그대로 tropical night라고 표현한다.

The elderly and the vulnerable are more likely to be affected by tropical nights.
노인과 취약계층은 열대야로 영향 받을 가능성이 많다.

▶ 폭염이 한풀 꺾이다: heatwave (has) subsided

더위나 추위가 '한풀 꺾이다'라고 할 때 그 의미는 약해지다, 누그러지다라는 뜻이다. 이를 영어로 'let up' 또는 'subside'라고 하면 된다.

Heatwave has subsided as heavy rainfall brought relief to the region.
폭우로 더위가 가시면서 폭염이 한풀 꺾였다.

▶ 온열질환: heat-related illness

더운 날씨로 인해 발생하는 열사병(heatstroke; heat exhaustion), 일사병(sunstroke), 근육경련(heat cramp), 탈수(dehydration) 등을 온열질환이라

고 부르는데, 일기 예보에서 온열질환에 주의하라고 당부하기도 한다.

Employees are advised to stay well-hydrated to prevent **heat-related illness** during scorching weather.

찜통 더위에 온열질환을 막기 위해 수분을 충분히 섭취하라고 직원에게 당부했다.

▶ 외출을 자제하다: refrain from going out; avoid going out

외출하다는 'go out'이라고 표현하고, 자제하다, 삼가다는 'refrain from ~ing'를 사용하면 된다.

The elderly are advised to **avoid going out** due to the extreme winter wallop.

극심한 겨울한파로 인해 노인은 외출을 자제하는 게 좋다.

▶ 리히터 규모 7의 지진: a magnitude 7 earthquake on the Richer scale

지진을 표현할 때 진도와 규모가 언급되는데, 진도(intensity)는 사람이 감지하는 느낌으로 '상대적'인 개념이고, 규모(magnitude)는 지진의 에너지 총량으로 절대적인 개념이다.

A magnitude 7 earthquake on the Richer scale hit the city, triggering concerns about aftershocks.

도시에 리히터 규모 7의 지진이 발생했고, 여진에 대한 우려가 있다.

▶ 한파가 덮치다: a cold wave grips ~ (지역)

'한파가 전국을 덮치다'라고 할 때 여러가지 동사로 표현할 수 있다. (자세한

내용은 뒤의 '4.악천후 표현' 참조)
A cold wave is expected to **grip the nation**.
한파가 전국을 덮칠 것으로 예상된다.

▶ 포근한 날씨가 이어지다: warm weather continues ~

'포근한' 날씨는 특히 겨울철에 영하 날씨가 아니라 따뜻함이 느껴질 때를 의미한다. 그런 날씨를 warm weather 또는 mild weather라고 할 수 있다.
Warm weather is forecast to **continue** throughout the weekend.
포근한 날씨가 주말까지 이어질 것으로 예상된다.

▶ 하늘이 맑을 것으로 예상되다: expect to see clear skies

일기예보를 전할 때 사용하는 영어 표현은 참으로 다양하다. 위의 경우처럼 날씨를 주어로 삼아서 표현할 수 있지만, 흔히 we를 주어로 삼아 표현할 수 있다.
We **expect to see clear skies** in the afternoon.
Clear skies are likely in the afternoon.
오후에는 맑은 하늘이 예상됩니다.

▶ 기상이변: extreme weather events; unusual weather events

정상적인 날씨에서 벗어난 기상 상황, 예를 들어 floods, droughts, blizzards, tornadoes, hurricanes 등이 이에 해당한다.
The frequency of **extreme weather events** has raised concerns about

climate change.

기상이변 빈도로 인해 기후 변화에 대한 우려가 커졌다.

▶ ~ 을/를 특별재난지역으로 선포하다: designate ~ as a special disaster area

홍수, 지진 등의 자연재해나 화재 또는 기타 사고 등으로 인해 일정 규모 이상의 피해를 본 지역을 효과적으로 수습하기 위해 '특별재난지역'으로 선포해 우선 지원 혜택을 받고, 복구가 원활하게 이뤄질 수 있도록 한다. 이런 지역을 'a special disaster area' 'crisis-designated zone' 또는 'emergency-stricken region' 등으로 표현한다.

Visiting the earthquake-stricken region, the President promised to designate it as a **special disaster area**.

지진피해 지역을 방문한 대통령은 해당 지역을 특별재난지역으로 선포하겠다고 약속했다.

▶ 강제 대피명령이 발효되다: mandatory evacuations went into effect; a mandatory evacuation order has been issued

대피 또는 소개명령을 evacuation order라고 한다.

특히 재난 때에는 대피는 선택이 아니라 강제적으로 취해지는 조치라서 'mandatory'라는 의무적인, 필수의 등의 의로 사용한다. '발효되다'라는 말은 go into effect; come into effect로 표현하면 된다.

<u>Mandatory evacuations went into effect</u> because of the imminent hurricane.

허리케인이 임박하여 강제 대피 명령이 내려졌다.

= <u>A mandatory evacuation order has been issued</u> because of the imminent hurricane.

▶ 이재민: evacuee; refugee (victim; survivor)

재해를 입은 사람을 '이재민'이라고 부른다. 영어로는 victim 또는 survivors 라고 하면 된다. 문제는 우리나라 뉴스에서 말하는 '이재민'은 집에 피해를 입어 자신의 집에 머물지 못하고 대피소 등으로 피난한 사람들(those who are displaced from their homes and are forced to seek refuge)을 의미한다는 점이다. 그렇다면 이럴 때 '이재민'은 'evacuee' 또는 'refugee'라고 해야 한다.

- 홍수 이재민: flood evacuees; flood refugees
- 지진 이재민: earthquake evacuees; earthquake refugees
- 태풍 이재민: hurricane/ typhoon evacuees; typhoon refugees
- 산불 이재민: wildfire evacuees; wildfire refugees
- 가뭄 이재민: drought evacuees; drought refugees

Typhoon tiger left around 150 dead, more than 500 wounded, and **thousands displaced from their homes**.
태풍 타이거는 150여 명의 사망자와 500여 명의 부상자, 수천 명의 이재민이 발생했다.

▶ 자연재해: natural disaster; natural calamity

가뭄, 태풍, 홍수, 지진 등으로 인해 발생하는 자연 현상이 날씨 관련된 뉴스에 자주 등장한다. 아래는 뉴스에 단골로 등장하는 자연재해이다.
Humans are inevitably exposed to the impact of **natural disasters** ranging from flood to earthquake.

인간은 홍수와 지진에 이르기까지 자연재해로부터 결코 자유로울 수 없다.

자연재해 종류

- 태풍   typhoon; hurricane; cyclone
- 토네이도   tornado
- 홍수   flood
- 가뭄   drought
- 지진   earthquake; quake
- 해일   tsunami; seismic sea wave
- 산불   wildfire
- 산사태   landslide
- 눈사태   avalanche
- 눈보라   blizzard
- 폭염   heatwave
- 한파   cold wave; cold snap

▶ **피해복구를 위해 자원 봉사하다**: volunteer for ~ damage recovery

피해지역의 복구를 위해 민관군이 합동으로 복구작업을 위해 애쓴다는 뉴스를 종종 접하게 된다. '복구'는 영어로 'recovery' 'relief and recovery' 'rehabilitation' 등으로 표현하면 된다.

Many community members are eager to **volunteer for flood damage recovery**.

많은 지역 사회 구성원들이 홍수 피해 복구를 위한 자원봉사에 열의를 보이고 있다.

= ~ volunteer for flood rehabilitation.

= ~ volunteer for flood recovery efforts

= ~ volunteer for recovering from flood impacts

2. 기상뉴스 단골 용어 및 표현

가뭄	drought
안개	fog; dense fog
폭우	heavy rain; torrential rain
집중호우	localized heavy rain; cloudburst
장마	rainy season; monsoon
태풍	typhoon; hurricane; cyclone
홍수	flood
너울성 파도	swell wave
파랑	high sea
해일	tsunami; seismic sea wave
폭염	heatwave
한파	cold wave; winter wallop
황사	yellow dust
미세먼지	fine dust
초미세먼지	ultra fine dust

3. 10대 기상 경보와 주의보

일기예보를 보면 한파특보, 한파경보, 한파주의보, 폭염특보, 폭염경보, 폭염주의보 등의 용어가 등장한다. 여기서 특보는 '특별보도'라는 말을 줄인 것으로 영어로는 'breaking news' 또는 'special report'라고 한다. 특보는 방송사, 언론사가 하는 것이고, 경보와 주의보는 기상청에서 발표한다.

여기서 먼저 주의보와 경보의 차이를 간단히 정리한다. 주의보(watch)는 주의하라는 내용의 예보를 의미하고, 경보(advisory)는 위험이 닥쳐올 걸 대비해 경계하라는 더 강한 경고를 예보하는 것이다.

◆ 10대 기상 경보

대설경보	heavy snowfall advisory
건조경보	drought advisory
폭풍해일경보	tsunami advisory
한파경보	cold wave advisory
태풍경보	typhoon advisory
황사경보	yellow dust advisory
폭염경보	heatwave advisory
안개경보	dense fog advisory
파랑경보	high seas advisory; gale warning
홍수경보	flood advisory

◆ 10대 기상주의보

대설주의보	heavy snowfall watch
건조주의보	drought watch

폭풍해일주의보	tsunami watch
한파주의보	cold wave watch
태풍주의보	typhoon watch
황사주의보	yellow dust watch
폭염주의보	heatwave watch
안개주의보	dense fog watch
파랑주의보	high seas watch; gale warning
홍수주의보	flood watch

4. 악천후 표현

　홍수, 태풍 등의 악천후(bad weather)를 주어로 해서 날씨 뉴스를 영어로 표현하는 대표적인 표현을 아래처럼 정리한다. 악천후가 나쁜 영향, 피해, 타격을 입히기 때문에 주로 동사는 그런 종류를 사용한다.

▶ '전국에 태풍이 예상된다'

Typhoon is forecast to hit the nation.
Typhoon is forecast to strike the nation.
Typhoon is forecast to impact the nation.
Typhoon is forecast to lash the nation.
Typhoon is forecast to sweep through the nation.
Typhoon is forecast to assail the nation.
Typhoon makes landfall in the nation.
Typhoon is forecast to pound the nation.
Typhoon is forecast to affect the nation.
Typhoon is forecast to descend upon the nation.
Typhoon is forecast to befall the nation.

▶ '황사가 전국을 뒤덮을 것으로 예상된다'

황사의 경우에는 흙먼지가 '뒤덮는다'는 느낌을 표현하기 위해 조금 색다른 동사를 사용한다.

Yellow dust is expected to hit the nation.
Yellow dust is expected to envelop the nation.
Yellow dust is expected to shroud the nation.

Yellow dust is expected to engulf the nation.
Yellow dust is expected to blanket the nation.

▶ 한파가 전국을 닥칠 것으로 예상된다.

A cold wave is forecast to hit the nation.
A cold wave is forecast to impact the nation.
A cold wave is forecast to descend upon the nation.
A cold wave is forecast to strike the nation.
A cold wave is forecast to grip the nation.
A cold wave is forecast to engulf the nation.
A cold wave is forecast to blanket the nation.
A cold wave is forecast to reach the nation.
A cold wave is forecast to settle over the nation.
A cold wave is forecast to prevail in the nation.
A cold wave is forecast to befall the nation.

XIII. 스포츠 뉴스

핵심표현

스포츠 응원 메시지

하계 올림픽 스포츠 종목 명칭

동계 올림픽 스포츠 종목 명칭

스포츠 경기장

다크호스와 뜻밖의 선물꾸러미

스포츠 뉴스(Sports News)

스포츠 뉴스는 예전에 비하면 그 빈도가 참으로 많이 늘어났다. 우리 생활에서 스포츠의 역할과 위상이 나날이 높아져가고 있다. 건강과 행복을 위해서도 아울러 스포츠 산업이라는 이름으로도 그 위상이 달라졌다. 승부의 세계를 다루는 스포츠 뉴스에는 이기다, 지다, 무승부, 관중스포츠, e-스포츠, 국가 위상 제고, 생활체육, 경제적 파급효과, 예선전, 결승전, 승패를 가르다, 우승하다, 결승에 진출하다, 4강전 등 스포츠 뉴스에서 자주 사용하는 다양한 표현과 용어를 정리했다.

1. 핵심표현

▶ 하계 올림픽: the Summer Olympic Games; the Summer Olympics

모두 대문자로 써야 한다는 점이 중요하다. 동계 올림픽은 the Winter Olympics 또는 the Winter Olympic Games라고 하면 된다.

The Summer Olympic Games take place every four years.
하계 올림픽은 4년마다 열린다.

▶ 전국체전: the National Games; the National Sports Festival

전국체전은 우리나라에서 매년 개최되는 종합 스포츠 경기 대회이다. 공식명칭은 Korean National Sports Festival이다.

Cheonan hosts the National Sports Festival this year.
천안은 올해 전국체전을 개최한다.

▶ '호주 오픈'을 개최하다: host the Australian Open

경기, 토너먼트, 올림픽, 체전 등의 경기를 '개최하다'라고 할 때 동사로 'host' 또는 'hold'를 사용한다.

Melbourne **hosts the Australian Open** grand slam tournament every year.

멜본은 매년 호주 오픈 그랜드 슬램 토너먼트를 개최한다.

▶ 정상급 기량을 선보이다: showcase top-class technique

'기량'이라는 말이 오히려 어렵게 느껴지는데 영어로는 'technique' 'skills' 등으로 표현하면 충분하다. '선보이다'는 'display', 'demonstrate', 'exhibit' 등으로 표현하면 된다.

The opponent **showcased top-class technique** in the match.
= The opponent **demonstrated a mastery of high-level technique**.

도전자는 경기에서 정상급 기량을 선보였다.

▶ 작년 우승자를 이기다: defeat the defending champion

'win'을 가장 먼저 떠올리게 되지만 동사 win은 '~을 얻다, 쟁취하다'라는 의미가 강하고, 실제 경기에서 상대방 또는 상대팀을 '이기다'라고 할 때 사용할 수 있는 동사는 beat, defeat, overcome, outmatch, outplay, outlast, conquer 등을 사용하면 된다.

The unseeded player **defeated the defending campion** in the match.

시드를 받지 못한 선수가 경기에서 작년 우승자를 꺾었다.

'~을/를 이겼다~ ' ; "~을. 를 꺾었다'의 다양한 동사 표현

He **won against** the champion in the match.

He **knocked out** the champion in the match.

He **beat** the champion in the match.

He **outplayed** the champion in the match.

He **outmatched** the champion in the match.

He **outlasted** the champion in the match.

He **conquered** the champion in the match.

He **overcame** the champion in the match.

He **prevailed over** the champion in the match.

He **triumphed against** the champion in the match.

He **secured a victory over** the champion in the match.

▶ 승리를 거머쥐다: clinch a win; score a win

앞에서는 '상대방을 꺾다'라는 의미로 승리를 표현한 것이고, '경기에서 이기다'라는 표현이다. 우리말로도 승리를 쟁취하다, 거머쥐다 등으로 다양하게 표현하듯이 영어로도 다양하게 할 수 있다.

The newcomer showcased exceptional skills and **clinched a win** in the debut competition.

신예 선수가 뛰어난 실력을 선보이며, 처녀 출전에서 승리를 거머쥐었다.

'(경기에서) 승리하다'의 다양한 동사 표현

She **scored a win** in the competition.

She **pulled off a win** in the competition.

She **secured a victory** in the competition.

She **triumphed** in the competition.
She **nailed the victory** in the competition.
She **achieved a victory** in the competition.

▶ ~에게 지다: lose to ~

스포츠 경기에서 '지다'라고 할 때 가장 쉽게 떠올릴 수 있는 표현이 'lose'이다. '졌다'라고 하면 'I/ We lost'라고 하면 된다. 그런데 ~에게 졌다고 할 때는 'lose to ~'라고 표현한다. 전치사 to를 사용한다.

The Japan's national soccer team **lost to** its Korean counterpart 3:1 last night.

어젯밤 일본 축구 국가대표팀은 한국 국가대표팀에게 3:1로 졌다.

▶ (경기에서) 지다: suffer a defeat; lose the match

스포츠 경기에서 항상 이길 수만은 없다. 누구나 패배의 쓴 잔을 마시게 된다. '지다'라는 의미로 다음과 같이 표현하면 된다.

Surprisingly, the champion **lost the match**.

챔피언이 패배하다니 놀라운 일이다.

'패배하다, 지다'의 다양한 동사 표현

He **suffered a defeat** in the round of 16.
He **lost the match** in the round of 16.
He **faced a setback** in the round of 16.
He **slipped to defeat** in the round of 16.
He **endured a loss** in the round of 16.

He <u>fell short</u> in the round of 16.

He <u>came up empty-handed</u> in the round of 16.

▶ 약자, 약체: the underdog

스포츠 경기에서 기량이나 전적 등이 딸리고 그래서 이길 확률이 낮게 평가되는 경우 '약체'라고 표현하는데, 이를 투견장에서 밑에 깔린 개를 빗대어서 'underdog'이라고 표현한다.

The opponent was regarded as <u>the underdog</u>, but she emerged victorious with stunning skills.

도전자는 약자로 간주되었지만, 놀라운 기량으로 승리했다.

▶ (도전자에게) 패배하다: succumb to ~; face a defeat against

상대방을 지칭해서 '~에게 지다'라고 표현할 때, '~에게 굴복하다'의 의미로 succumb to~라고 하거나 face a defeat against라고 하면 된다.

The defending champion <u>succumbed to the opponent</u> in the match.

작년 우승자가 도전자에게 패배했다.

'(상대방에게) 지다, 패배하다'의 다양한 동사 표현

He <u>faced a defeat against</u> the opponent in the match.

He <u>was defeated by the opponent</u> in the match.

He <u>was bested by</u> the opponent in the match.

He <u>conceded to the opponent</u> in the match.

He <u>lost the match to</u> the opponent.

He <u>lost the game to</u> the opponent.

▶ 참패하다: suffer a humiliating defeat

지는 것도 모자라 참혹할 만큼 크게 또는 실망스러운 경기 내용으로 패배한 경우 '참패'라고 표현한다. 패배는 명사로 loss 또는 defeat으로 표현하면 되고, 온갖 끔찍한 형용사를 넣어서 참패를 다음과 같이 표현한다. disastrous defeat; crushing defeat; complete defeat; humiliating defeat

The Korean national soccer team **suffered a humiliating defeat to** the Japan team with a final score of 4:1.

한국 축구국가대표팀은 일본에게 4:1로 참패했다.

= The Korean national soccer team **lost to** the Japan team **in convincing style** with a final score of 4:1.

▶ 4강에 진출하다: advance to the semi-finals

~에 진출하다는 'advance to ~'로 보통 표현하며, 비슷하게 'move into' 'progress to' 또는 'qualified for the semi-finals' 'earned a place in the semi-finals' 'secured a spot in the semi-finals' 등을 사용해도 된다.

- 16강   a round of 16
- 8강(준준결승)   quarter-finals
- 4강(준결승)   semi-finals
- 결승   final

The Korean national soccer team **advanced to the semi-finals**.

= The Korean national soccer team **made it to the semi-finals**.

= The Korean national soccer team **booked their spot in the sem-finals**.

한국 축구국가대표팀인 4강에 진출했다.

▶ **역전승하다**: win a come-from-behind victory; come from behind and win

역전승만큼 짜릿한 경기가 있을까? 역전승은 뒤쳐지다가 이긴다고 해서 'come from behind'를 넣어서 표현한다.

Against all odds, the national team won come-from-behind victory in the game.

가망 없었지만 국가대표팀은 경기에서 역전승했다.

▶ **막상막하의 접전을 펼치다**: compete in a neck-and-neck race; face off in a neck-and-neck race; vie in a neck-and-neck race

막상막하의 경기를 'a neck-and-neck race' 'a close game' 'a nail-biting game' 'a razor-thin margin game' 등으로 표현할 수 있다.

The two teams competed in a neck-and-neck race.
= The two teams faced off in a neck-and-neck race.

양 팀은 막상막하의 접전을 펼쳤다.

▶ **승부를 가리지 못하다**: the match ends in a draw

비기다, 무승부의 의미로 'draw' 'tie'를 사용하거나 'a draw game'이라고 해도 된다.

The match ended in a draw.
= The game concluded in a tie.

경기는 승부를 가리지 못했다.

▶ 박진감 넘치는 경기: an exciting game; a riveting game; a nail-biting game

"박진감 넘치는"이란 의미는 '가슴을 두근두근하게 만드는', '손에 땀을 쥐게 하는' 등의 의미이다. 앞서 언급한 '접전'이라는 말과 비슷한 느낌이다.

The two teams **played out a riveting game** and the match kept fans on the edge of their seats.

양팀은 박진감 넘치는 경기를 펼쳤고, 팬들은 경기에 완전히 열광했다.

on the edge of one's seats: 완전히 매료된, 열광하는

▶ 연장전에 들어가다: move into overtime

연장전을 'overtime' 또는 'extra time'이라고 한다.

The game **moved into overtime**.

= The game **moved into extra time**.

경기는 연장전에 들어갔다.

▶ 판정시비: a dispute over a referee's ruling

심판의 판정에 불복하면 판정시비가 붙는 경우가 발생해서 경기가 중단하기도 한다. 판정시비에 해당하는 영어표현으로 'a controversy over a referee's decision', 'disagreement with a referee's call', 'a quarrel over a referee's ruling' 등이 있다.

보통 심판을 부르는 영어 표현은 종목에 따라 다르다.

- referee: 축구, 농구, 하키, 럭비, 권투, 레슬링
- umpire: 야구, 크리켓, 소프트볼, 테니스

- linesman: 선심
- commissaire: 자전거 경기에서 반칙 감시하는 심판원

The game was interrupted because of **a dispute over a referee's ruling**.
판정시비로 인해 경기가 중단되었다.

▶ 오심에 항의하다: protest against a bad call

오심을 'bad call'이라고 표현한다.
The players **protested against a bad call** made by the referee.
선수들은 심판의 오심에 항의 했다.

▶ 승부에 쐐기를 박다: score a decisive goal; score an influential goal; secure the win with a critical hit; score a pivotal run

승부에 결정적인 골이나 안타를 치면 '승부에 쐐기를 박았다'라고 하죠. '쐐기골' 즉 축구에서는 decisive goal; influential goal이라 하고, '결정타' 즉 야구에서는 critical hit; decisive hit; influential hit'이라고 표현하면 된다.

In the last seconds of overtime, the player **scored a decisive goal**.
연장전 마지막 순간에, 그 선수는 승부에 쐐기를 박았다.

▶ 세계 신기록을 세우다: set a new world record; make a new world record

신기록을 문자 그대로 'new record'라고 한다. 한국 신기록은 'new Korean

record'; 대회 신기록은 'new meet records' 라고 한다.

She **set a new world record** in the 100-meter sprint.

그녀는 100미터 달리기에서 세계 신기록을 세웠다.

▶ **예선을 무난히 통과하다**: breeze through the preliminary rounds; go through the preliminaries without difficulty

예선을 'preliminary' 또는 복수로 'preliminaries'라고 한다. 예선을 통과하고 만나는 본선은 영어로 'quarterfinals – semifinals – finals'로 분류해서 표현할 수 있다. '무난히 통과하다'는 순풍 불듯이 간다라고 해서 'breeze through'라고 할 수 있다.

He **breezed through the preliminary rounds**.

He **went through the preliminaries without difficulty**.

그는 예선을 무난히 통과했다.

▶ **일방적인 경기**: an uneven game; a one-sided game; a lopsided game; a blowout

스포츠 경기는 손에 땀을 쥐게하는 박진감 넘치는(exciting: gripping: exhilarating)게 재미있다. 그래도 응원하는 팀이 일방적으로 이기면 속은 시원하다. even은 고르고 평평하다는 의미인데 반대말인 'uneven'을 쓰면 '일방적인'이라는 뜻이 된다. 조금 캐주얼하게 불어서 쓰러뜨려 이긴다는 의미로 blowout 을 사용해도 비슷한 뜻이 된다.

Surprisingly, the match **ended in an uneven game**.

놀랍게도 대결은 일방적인 경기로 끝났다.

▶ **3위를 기록하다**: take the third place; finish third in the race

'3위를 기록하다', '3위를 차지하다'라고 할 때 take the 3rd place라고 하면 된다.

The athlete **took the third place in** the swimming competition.
= The athlete **finished third in** the swimming competition.
그 선수는 수영경기에서 3위를 기록했다.

▶ **우승소감**: winning remarks; a victory speech; triumph address

승리 소감처럼 감동적이고 기분 좋은 말도 없을 것이다. 승자만이 맛볼 수 있는 짜릿함. 우승, 승리 소감을 영어로 'winning remarks'라고 표현한다.

In his **winning remarks**, the athlete expressed gratitude to his teammates.
우승소감에서 그 선수는 팀 동료들에게 감사의 말을 전했다.

2. 스포츠 응원 메시지

Come on!	파이팅
Let's go!	파이팅
Go ~	파이팅
Go for it.	보여줘
Keep pushing	아자아자
Show them what you've got	아자아자
Nail it	아자아자
Make it happen	아자아자
Play your heart out	기운내, 힘내!
Dig deep	힘 내
Persevere	조그만 더 ~
Hang in there	조금만 더 ~
Way to go	잘한다!
You can do it.	할 수 있어!

3. 하계 올림픽 스포츠 종목 명칭

양궁	Archery
리듬체조	Artistic Gymnastics
싱크로나이즈드 수영	Artistic Swimming
육상	Athletics
배드민턴	Badminton
야구 소프트볼	Baseball Softball
농구	Basketball
비치발리볼	Beach Volleyball
권투	Boxing
브레이킹(비보이)	Breaking
카누 스프린트	Canoe Flatwater
카누 슬라럼	Canoe Slalom
크리켓	Cricket
사이클 BMX 프리스타일	Cycling BMX Freestyle
사이클 BMX 레이싱	Cycling BMX Racing
사이클 산악자전거	Cycling Mountain Bike
사이클 도로	Cycling Road
사이클 트랙	Cycling Track
다이빙	Diving
승마	Equestrian
펜싱	Fencing
플래그 풋볼	Flag Football
축구	Football
골프	Golf

핸드볼	Handball
하키	Hockey
유도	Judo
가라테	Karate
라크로스	Lacrosse
마라톤 수영	Marathon Swimming
근대5종	Modern Pentathlon
리듬체조	Rhythmic Gymnastics
조정	Rowing
7인제 럭비	Rugby Sevens
요트	Sailing
사격	Shooting
스피드스케이팅	Skateboarding
스포츠 클라이밍	Sport Climbing
스쿼시	Squash
서핑	Surfing
수영	Swimming
탁구	Table Tennis
태권도	Taekwondo
테니스	Tennis
트램폴린	Trampoline
철인 3종경기	Triathlon
배구	Volleyball
수구	Water Polo
역도	Weightlifting
레슬링	Wrestling

4. 동계 올림픽 스포츠 종목 명칭

알파인 스키	Alpine Skiing
바이애슬론	Biathlon
봅슬레이	Bobsleigh
크로스컨트리스키	Cross-Country Skiing
컬링	Curling
피겨스케이팅	Figure Skating
프리스타일 스키	Freestyle Skiing
아이스하키	Ice Hockey
루지	Luge
노르딕 복합	Nordic Combined
쇼트트랙 스피드스케이팅	Short Track Speed Skating
스켈레톤	Skeleton
스키점프	Ski Jumping
스키 마운티니어링	Ski Mountaineering
스노보드	Snowboard
스피드스케이팅	Speed Skating

5. 스포츠 경기장

우리는 경기장이란 말 하나로 모든 경기 종목의 경쟁이 펼쳐지는 장소를 표현할 수 있지만, 영어로는 다양하다. 보통 야외는 field를 사용하고, 가장 널리 venue 라는 말을 사용할 수 있다. 스타디움이라고 부를 때는 바닥과 기타 조명 시설 등도 제대로 갖춰진 축구, 육상, 야구 등이 열리는 경기장을 의미한다고 볼 수 있다. 그 밖에 court, ground, pitch, velodrome, arena 등은 상대적으로 사용이 제한적이니 종목과 함께 기억해두면 좋다.

테니스 경기장	tennis court
배드민턴경기장	badminton court
야구 경기장	baseball diamond; baseball park baseball field
소프트볼 경기장	softball field
크리켓 경기장	cricket ground
축구 경기장	soccer stadium; soccer field
미식축구경기장	football field
배구 경기장	volleyball court
농구 경기장	basketball court; basketball arena
하키 링크	hockey rink; hockey arena
사이클경기장	cycling velodrome
육상 경기장	athletic stadium, athletic track athletic field, athletic venue track and field stadium, track and field venue

승마 경기장	equestrian arena
럭비 경기장	rugby pitch
체조 경기장	gymnastics floor; gymnastics arena
	gymnastics gymnasium
수영장	swimming arena; swimming arena
골프장	golf course
스피드스케이트장	speed skating oval
무도 경기장	martial art dojo
	martial art gym

6. 다크호스와 뜻밖의 선물꾸러미

South Korean Hwang Sun-woo, a relatively unknown swimmer, emerge as a **surprise package**, stunning spectators with an unexpected victory in the final race.

위 문장은 우리나라 수영의 황선우 선수에 대한 내용이다. 여기서 그를 표현한 것 중에 'a surprise package'는 무엇일까? 원래 의미는 과자 선물 꾸러미인 줄 알았는데 그 안에서 돈이 나와 놀라게 만드는 선물 같은 것을 의미한다. '한 단어로 잘 요약이 되지 않지만 뜻밖의 수확을 거두는 선수'라는 의미이다. 'dark horse'라는 의미와 비슷하지만 다크호스는 시작부터 전혀 기대도, 아무런 예상도 하지 않았던 선수를 의미하는 반면, surprise package는 결과에 초점을 두어, 기대와 완전히 다르거나 상당히 큰 결과를 올리는 경우에 사용한다. 한 마디로 세계 최정상급 선수가 dark horse는 될 수 없지만, 부상 등으로 패배할 가능성이 많아 보이지만 승리해서 surprise package가 될 수 있다.

Nadal, often seen as less successful on grass courts, emerged as a surprise package with his unexpected dominance against Federer on the grass courts.

잔디 코트에서 상대적으로 성과가 저조한 나달이 페더러와의 잔디코트 경기에서 예상치 못한 우위를 점하며 승리했다.

스포츠 뉴스에 승자와 패자만 있는 게 아니다. 거창한 얘기를 하려는 게 아니라, 영어 스포츠 뉴스를 접할 때 다양하게 사용되는 운동 선수 관련 표현을 정리해보자.

챔피언	champion; title holder; reigning champion
우승후보	favorite
승자	winner
패자	loser
톱플레이어	top seed(토너먼트 경기); top player
상위 랭커	high ranked athlete
정상급선수	world-class athlete; top-class athlete
약자	underdog
도전자	contender; opponent
다크호스	dark horse; Cinderella; hidden gem; surprise contender
유망한 선수	up-and-comer; rising star; emergent talent; promising talent
숙적	arch rival; old enemy; primary rival; nemesis; adversary
저조한 선수	underachiever; disappointing performer; poor performer; lagging performer

XIV. 뉴스 속 숙어 및 관용적 표현

뉴스 속 숙어 및 관용적 표현
(Idioms & Phrases in Newspaper)

뉴스는 촌철살인의 느낌으로 짧고 굵게 어휘와 표현을 택해야 한다. 하지만 헤드라인은 독자의 이목을 끌기 위해 묘수를 둬 경쟁을 벌여야 하기도 한다. 그래서 헤드라인이나 다양한 길이의 표현을 수사학적으로 풀어내는 사설, 오피니언 섹션의 글에서는 숙어와 관용적인 표현, 구어체 느낌이 묻어나는 다채로운 표현들이 등장한다. 비원어민에게 이런 표현들은 결코 쉽지 않다. 특히 이런 숙어와 표현을 외워야 하는가에 대한 질문이 많은데, 우선 다음 [표 3]에 있는 숙어를 살펴보고 하나라도 모르는 것이 있다면 조금 더 신경 써서 영어 공부를 해야 할 것이다. 왜냐하면 이 표에 등장하는 숙어 50개는 현대 미국영어 말뭉치인 The Corpus of Contemporary American English에서 신문 말뭉치에 가장 자주 등장하는 숙어를 정리한 것이다. 이 정도는 잘 알고 있어야 한다.

다음으로 소개하는 숙어와 관용적 표현들은 어떻게 해야 할까? 원어민들도 100% 제대로 알지 못한다. 그럼 우리도 다 알 필요는 없다고 봐도 무방하다. 다만, 여러분들에게 이런 숙어와 관용적 표현을 소개하는 이유는 '아, 이런 숙어도, 이런 표현도 쓰는 구나'라는 정도로 이해하고, 글을 읽을 때마다 그저 반갑게 대하고 얼굴을 익히는 정도로 해도 좋기 때문이다.

Idiom	Frequency (per million)	Idiom	Frequency (per million)
the bottom line	12.30	leave (or make) its (or one's or a) mark	3.94
every last (or single)	9.84	set the stage	3.94
big deal	9.57	pave the way for	3.82
on (or off) the air	8.83	the old days	3.71
in the long run (or term)	8.70	do away with something	3.57
(all) of a sudden	8.68	the real thing	3.52
the likes of	7.83	across the board	3.49
for free	7.58	follow suit	3.45
go public	7.57	come of age	3.43
fall short (of)	7.42	make (or miss) the cut	3.42
from scratch	6.41	in (or out of) perspective	3.36
at the end of the day	6.34	make (both)ends meet	3.32
on (the) record	6.30	come (or spring) to mind	3.26
if anything	6.09	for the record	3.17
close to (or close on)	6.05	raise one's eyebrows(or an eyebrow)	3.14
behind the scenes	5.63	all over the place	3.11
last thing	5.47	by and large	3.09
under fire	5.37	in (or out of) key	3.00
on someone's mind	5.00	think twice	2.85
on the side	4.84	be good news	2.83
in the short run (or term)	4.62	hold one's own	2.77
on (or from) the sidelines	4.54	round (or around) the clock	2.72
on the horizon	4.29	catch fire	2.71
once (or every once) in a while	4.05	open the door to	2.65
the American dream	4.05	behind closed doors	2.61

표 3 신문에 가장 자주 사용되는 숙어 50개[37]

출처: Applied Research on English Language 9(2). 205-228

아래 숙어와 표현들은 영어 신문, 잡지 등의 다양한 글에 사용된 숙어와 관용적 표현을 수집해 기록했던 것 중 일부를 정리했고, 이디엄 관련 연구 논문[38]과 Cambridge Dictionary에서 온라인으로 제공하는 'Newspaper idioms'[39]를 최종적으로 참고해 목록을 추렸다.

▶ **follow suit: 남이 한대로 따라하다**

As developed countries dops blockchain in their economy, developing countries **follow suit** to stay competitive.

선진국이 경제에 블록체인을 도입함에 따라 개발도상국도 경쟁력을 유지하기 위해 이를 따르고 있다.

▶ **around the corner: 목전에 있는, 아주 가까이 와 있는**

Political campaigns are intensifying as the general election is just **around the corner**.

총선이 코앞으로 다가오면서 정치권의 선거운동이 치열해지고 있다.

▶ **play the game: 정정당당하게 행동하다**

As the election nears, candidates are expected to justly and actively **play the game**.

선거가 가까워지자, 후보자들은 정정당당하고 적극적으로 선거에 임할 것으로 예상된다.

▶ **go viral: 입소문 나다**

Tiktok video are well known for their ability to **go viral**, captivating audiences with short and engaging content.

TikTok 동영상은 짧고 매력적인 콘텐츠로 시청자의 마음을 사로잡아 입소문을 내는 것으로 아주 유명하다.

▶ keep/hold ~ at bay: 저지하다, 문제 발생을 막다

Regular exercise with a healthy diet helps people keep health issues at bay.

건강한 식단과 함께 규칙적인 운동을 하면 건강 문제를 예방에 도움이 된다.

▶ make no mistake about ~ : ~에 대해 분명히 하다

Make no mistake about the national economy, it plays a vital role in shaping our development and prosperity.

국가 경제에 대해 분명히 밝혀 두지만, 이는 우리의 발전과 번영에 무엇보다 중요하다.

▶ the calm before the storm: 폭풍전야

No nations could make a move as if they faced the calm before the storm.

폭풍전야라도 직면한 듯 그 어떤 나라도 아무런 조치를 취할 수 없었다.

▶ warts and all: 나쁜 점들까지 모두

Warts and all, the government regulations are still better than no law.

단점에도 불구하고, 법이 없는 것보다 정부 규제가 존재하는 게 여전히 더 낫다.

▶ **set out one's stall**: 만반의 준비를 하다

The research institute should **set out its stall** to attract talented scientists and secure funding.

유능한 과학자를 유치하고 연구비를 확보하려면 연구소는 만반의 준비를 다해야 한다.

▶ **pop your clogs**: 죽다

The renowned scientist made significant contributions to the country before she **popped her clogs**.

그 유명한 과학자는 죽기 전에 국가에 큰 공헌을 했다.

▶ **up and running**: 완전히 제대로 작동되는, 원활히 운영되는

The new app service to issue relevant documents is now **up and running**.

관련 서류를 발행하는 새로운 앱 서비스가 현재 잘 작동되고 있다.

▶ **one step forward, two steps back**: 일보 전진, 이보 후퇴

Scientists should learn the cyclical nature of scientific inquiry where '**one step forward, two steps back**' is so common.

과학자들은 '한 걸음 앞으로, 두 걸음 뒤로'라는 과학적 탐구의 순환적 특성을 배워야 한다.

▶ **flash in the pan**: 용두사미가 되다

The new business item turned out to be just **a flash in the pan** after a brief surge in popularity.

새로운 사업 아이템은 잠깐 인기가 오르다 용두사미가 되어버렸다.

▶ **bite the bullet**: 이를 악물고 하다, 어쩔 수 없이 ~ 하다.

Farmers had to **bite the bullet** and buy expensive foreign seeds.

농부들은 비싼 외국산 종자들을 구입해야 했다.

▶ **give someone both barrels**: ~ 를 크게 비난하다

The local public **gave the officials both barrels** for their handling of the recent disaster.

지역 주민들은 공무원들의 최근 재난 대처에 대해 호되게 비판했다.

▶ **clean up one's act**: 행동을 고치다

The construction industry is **cleaning up its act** regarding workplace safety.

건설 업계는 작업장 안전과 관련해 잘못된 점을 개선하려고 노력하고 있다.

▶ **pull up stakes**: 떠나다, 관두다

An increasing number of young couples are **pulling up the stakes** and moving to the outskirts of Seoul.

서울 외곽지역으로 이사하는 젊은 부부들이 늘고 있다.

▶ **against the clock: 시간을 다투어**

Automobile companies around the world are working hard **against the clock** to win the electric vehicle market.

전 세계 자동차 회사들은 전기 자동차 시장을 선점하기 위해 불철주야 노력하고 있다.

▶ **call it quits: 비긴 것으로 하다; ~ 을/를 그만하다**

The two companies announced they are **calling it quits** and ending the attempted merger.

두 회사는 합병 시도는 그만 두고, 접겠다고 발표했다.

▶ **eagle eye: 예리한 눈, 감시의 눈, 주시**

The Board of Audit and Inspection maintains **an eagle eye** on financial institutions in relation to cryptocurrency investment.

감사원은 암호화폐 투자와 관련하여 금융기관을 예의주시하고 있다.

▶ **stick in the mud: 진창에 빠지다; 고루한 사람, 변화를 싫어하는 사람**

Voters would not support such a politician as she is a typical example of **stick in the mud**.

유권자들은 변화를 싫어하는 전형적인 예인 그녀와 같은 정치인은 지지하지 않을 것이다.

▶ **with a heavy heart: 침울하게, 슬픈 마음으로**

I don't want to say this but **with a heavy heart**, I'm announcing that I decided to resign from the mayor position.

이런 말씀을 드리고 싶지 않지만, 시장직에서 사퇴하기로 결정했음을 말씀드리게 되어 마음이 무겁습니다.

▶ be glad to see the back of ~ : ~가 떠나는 걸 보니 기쁘다

Finally, we **are glad to see the back of** the old trouble-ridden bridge.

마침내 문제가 많았던 오래된 다리가 없어진다고 하니 기쁘다.

▶ the writing is on the wall: 불길한 조짐

Given the ongoing economic slump, **the writing is on the wall** for an impending layoff.

계속되는 경기 침체를 고려할 때 해고가 임박했다는 불길한 조짐이 든다.

▶ pit one's wits against ~ : ~을 상대로 지혜를 겨루다, 머리를 쓰다

The local government officials **pitted their wits against** a complex environmental pollution case.

지역의 공무원들은 복잡한 환경 오염문제 해결을 위해 지혜를 모았다.

▶ take someone to task: 비난하다, 질책하다

The environmental agency **took the local companies to task** for improper waste disposal practices.

환경 당국은 부적절한 폐기물 처리 관행을 이유로 지역의 업체들을 질책했다.

▶ once bitten, twice shy about ~: ~ 에 대해 신중한 입장을 보이다

Older consumers are **once bitten, twice shy about** online business transactions.

노년층 소비자는 온라인 비즈니스 거래에 대해 신중한 입장이다.

▶ stab someone in the back: 배신하다

Seemingly, the ruling party **was stabbed in the back** as its leading lawmakers left the party after the election.

주요 의원들이 선거 이후 탈당하는 바람에 여당은 배신을 당한 셈이다.

▶ settle a score: 청산하다, 보복하다

The two politicians met in the presidential election to **settle a score** and determine the ultimate winner.

두 정치인은 대통령 선거에서 겨뤄 마침내 최후의 승자를 정하게 되었다.

▶ scrimp and save: 아껴가며 모으다, 근검절약하다

The previous generation had to **scrimp and save** for years to support their children's education.

이전 세대는 자녀 교육을 위해 수년간 아끼고 모아야 했다.

▶ **follow in someone's footsteps**: ~을/를 똑같이 따라하다

The city mayor wants to <u>follow in his father's footsteps</u> as his father was a mayor -turned-lawmaker.

이 시의 시장은 시장에서 국회의원이 되었던 자신의 아버지와 똑같은 길을 가고자 한다.

▶ **clear the air**: 상황을 개선하다

The negotiation aims to <u>clear the air</u> following the recent tension between the two nations.

이번 협상은 최근 양국 사이의 긴장 상황에 뒤이어 분위기를 개선하기 위한 것이다.

▶ **make no bones about ~**: 솔직히 털어놓다, 거침없이 ~ 하다

Residents <u>made no bones about</u> their dissatisfaction with the safety measures, calling for immediate changes.

주민들은 안전 조치에 대한 불만을 거침없이 드러내며 즉각적인 변화를 촉구했다.

▶ **put one's best foot forward**: 최선을 다하다, 좋은 인상을 주려고 애쓰다

South Korea <u>put its best foot forward</u> to beat other candidate cities to host the Expo.

한국은 다른 후보 도시들을 제치고 엑스포 개최지로 선정되기 위해 최선을 다했다.

▶ **turn up trumps**: 기대 이상의 성과를 거두다

The Korean national soccer team <u>turned up trumps</u> in the second half

and won the championship.
한국 축구국가대표팀은 후반전에 기대 이상으로 선전해 우승을 차지했다.

▶ chop and change: 계속 이리저리 바꾸다

The company is notorious for **chopping and changing** policies, causing confusion and instability among investors.
이 회사는 정책을 자주 바꿔 투자자들에게 혼란과 불안정을 야기하는 것으로 악명높다.

▶ up your game: 개선하다, 발전시키다

Ten things to **up your game** in new year
실력을 향상을 위해 새해에 필요한 10가지

▶ up to the mark: 기대에 부응하여

The company's sales amount failed to measure **up to the mark**.
회사의 판매량은 목표치에 미치지 못했다.

▶ hit a wall: 벽에 부딪히다, 막다른 길에 다다르다

The university's research project **hit a wall** when it faced unforeseen technical difficulties.
이 대학의 연구 프로젝트는 예상치 못한 기술문제로 인해 벽에 부딪혔다.

▶ the jewel in the crown: 가장 중요한 것, 가장 매력적인 요소

The new app turned out to be **the jewel in the crown**, becoming the most popular in the app store.

새로운 앱은 가장 매력적인 것으로, 앱 스토어에서 가장 인기 있는 앱이 되었다.

▶ hit the ground running: (지체없이) 잘 나가다

The company's new projects **hit the ground running** owing to the dedicated team members.

헌신적인 팀원들 덕분에 회사의 새로운 프로젝트가 순조롭게 진행되고 있다.

▶ fall by the wayside: 도중에 실패하다, 관두다

Many of the municipal government's cultural projects **fell by the wayside** due to the lack of sufficient funding.

시 정부의 많은 문화 프로젝트가 자금 부족으로 중단되었다.

▶ the sky is the limit: 뭐든 할 수 있다. 무제한이다, 끝이 없다

With hard work, **the sky is the limit** for young athletes.

열심히 노력하면, 젊은 선수들이 못 이룰 게 없다.

▶ in limbo: 불확실한 상태로, 무시되어

The government-funded project **is in limbo** due to a big budget cut.

정부 지원 프로젝트가 대규모 예산 삭감으로 인해 불투명한 상태에 놓였다.

▶ have a soft spot for ~: ~을 무척 좋아하다, ~에 약하다

As the government **has a soft spot for** social welfare, it keeps allocating funds to support welfare programs.

정부는 사회복지에 관심이 많기 때문에, 복지 프로그램을 지원하기 위해 지속적으로 예산을 배정하고 있다.

▶ no bed of roses: 힘든, 어려운

Starting a new business is definitely **no bed of roses**.

새로운 사업을 시작하는 것은 결코 쉽지 않다.

▶ stick out like a sore thumb: 눈에 띄다, 두드러지다

The old municipal building, surrounded by modern skyscrapers, **stuck out like a sore thumb**.

현대식 고층건물에 둘러싸인 오래된 시 건물은 눈에 띄었다.

▶ go against the grain: 체질에 맞지 않다

Many young employees seem to think that getting up early in the morning **goes against their grain**.

많은 젊은 직원들은 아침에 일찍 일어나는 것이 체질에 안 맞는다고 생각하는 것 같다.

▶ catch 22: 진퇴양난, 딜레마, 곤경

Teachers found themselves in a **catch-22** as they had to choose between relying on textbooks and incorporating real-world examples.

교사들은 교과서에 의존하는 것과 실제 사례를 접목하는 것 중 하나를 선택해야 하는 딜레마에 빠졌다.

▶ above board: 공명정대한,

The police officer is expected to conduct all the investigation **above board**, ensuring transparency.

경찰은 모든 조사를 공명정대하게 진행하고, 투명성을 보장해야 한다.

| Notes

1   윤석홍·김춘옥, 2004, 『신문방송, 취재와 보도』, 나남출판
2   '르뽀보다 취재기' 좋아요. 전북일보 온라인 기사
https://www.jjan.kr/article/20121024451025
3   사진의 캡션 작성 오령에 대한 설명 http://newspaperarticleyear6.weebly.com/pictures-with-a-captions.html
4   위 기사는 "Dangers of Fast Food"를 주제로 Chat-GPT가 작성한 가상의 뉴스 기사이다.
5   Nordquist, R. (2021). What is headlinese? https://www.thoughtco.com/what-is-headlinese-1690921
6   헤드라인에 사용되는 동사의 시제 비율 분석. Chovanec, J. (2014). Pragmatics of tense and time in news. John Benjamin Publishing Company, Amsterdam/ Philadelphia.
7   헤드라인에 사용되는 동사의 시제 비율 분석. Chovanec, J. (2014). Pragmatics of tense and time in news. John Benjamin Publishing Company, Amsterdam/ Philadelphia.
8   뉴스헤드라인의 관사 생략에 대한 사회언어학적 입장에서 분석한 논문. 대부분이 언어학적 특징을 기술하는 연구인데 반해 이 연구는 이탈리아어, 독일어, 네덜란드어, 영어 등을 중심으로 관사 생략 현상을 사회언어학적 관점에서 기술하고 있다. Lange, J. (2008) Article omission in headlines and child language: A processing approach. https://www.lotpublications.nl/Documents/189_fulltext.pdf
9   Historical present tense에 대한 설명 https://archive.nytimes.com/www.nytimes.com/learning/general/weblines/521.html#:~:text=Headlines%20are%20written%20in%20the,describe%20events%20that%20just%20happened.
10 헤드라인 작성 관례 중 일부 예시에 사용된 예문 발췌 (p.121) Chovanec, J. (2014). Pragmatics of tense and time in news. John Benjamin Publishing Company, Amsterdam/ Philadelphia.
11 헤드라인의 문장부호. Ali, M. S. (2020). Punctuating Headlines. https://www.researchgate.net/publication/338513760_Punctuating_Headlines_Online_Headlines_and_the_uses_of_punctuation
12 헤드라인의 문장부호. Ali, M. S. (2020). Punctuating Headlines. https://www.researchgate.net/publication/338513760_Punctuating_Headlines_Online_Headlines_and_the_uses_of_punctuation

13 헤드라인의 문장부호. Ali, M. S. (2020). Punctuating Headlines. https://www.researchgate.net/publication/338513760_Punctuating_Headlines_Online_Headlines_and_the_uses_of_punctuation

14 느낌표를 사용한 헤드라인 예시 https://www.easymedia.in/use-punctuation-marks-headlines/

15 헤드라인에는 strong verbs를 사용하라는 내용의 글. https://news-decoder.com/topic/use-strong-verbs/

16 저널리즘 학자인 Mann 교수가 작성한 효과적인 헤드라인 작성을 위한 지침이다. http://www.columbia.edu/itc/journalism/isaacs/client_edit/Headlines.html

17 헤드라인에 자주 사용하는 동사 목록에 참고한 자료
- Festin, W.(n.d.) Common Headline Vocabulary
https://www.academia.edu/8489692/Common_Headline_Vocabulary

- ToroMagn(n.d.) News Headline Vocabulary https://toromagn.wordpress.com/2009/04/27/news-headline-vocabulary/

18 Most common words used in news. Dimitrije Curcic과 동료연구자들이 온라인의 여러 뉴스 웹사이트에서 수집한 뉴스 기사와 헤드라인의 총 23백만 단어를 토대로 분석한 내용이다. https://wordsrated.com/most-common-words-used-in-news/

19 Most common words used in news. Dimitrije Curcic과 동료연구자들이 온라인의 여러 뉴스 웹사이트에서 수집한 뉴스 기사와 헤드라인의 총 23백만 단어를 토대로 분석한 내용이다. https://wordsrated.com/most-common-words-used-in-news/

20 챗 GPT. OpenAI. (2024). ChatGPT [Large language model]. https://chat.openai.com

21 북한의 김정은 호칭관련 머니투데이 기사. 체어맨에서 '프레지던트'로... 기사 참고. (2021. 2. 17). https://news.mt.co.kr/mtview.php?no=2021021710568233609

22 조약, 국제법 관련 조약 등 용어 정의와 유형. 외교부 누리집 참조. https://www.mofa.go.kr/www/wpge/m_3830/contents.do

23 미국 대통령 호칭 기원에 대한 설명. How 'His Highness' George Washington Became 'Mr. President' https://www.huffpost.com/entry/how-his-highness-presidents-day_b_4784011

24 대한민국 정부/지자체 조직도. 대한민국 공식 전자정부 누리집 정부24 참고. https://www.gov.kr/portal/orgInfo

25 대한민국 정부조직법 법령 조문. https://www.law.go.kr/법령/조직법

26 정부조직관리정보시스템의 부, 처, 청에 대한 설명글 https://org.go.kr/intrcn/orgnzt/systmPop01.do

27 대한민국의 역대 정당. 위키피디아 한국 주요 정당의계보 참고.
https://ko.wikipedia.org/wiki/대한민국의_역대_정당

28 공화당과 민주당 상징에 대한 설명. History Channel 웹페이지. How the Republican and Democratic Parties Got Their Animal Symbols. https://www.history.com/news/how-did-the-republican-and-democratic-parties-get-their-animal-symbols

29 인류 역사에서 전재이 없던 시기는 얼마나 될까? SBS 뉴스(2022년 3월 4일, 안혜민 기자) 참고.

30 The use of adjectives and adverbs in journalism. 뉴스 기사작성을 위한 형용사와 부사 사용에 대한 설명. https://mediahelpingmedia.org/basics/the-use-of-adjectives-and-adverbs-in-journalism/

31 소비자물가지수 설명. e-나라지표 자료 참고. https://www.index.go.kr/unity/potal/main/EachDtlPageDetail.do?idx_cd=1060

32 석유의 정의. 한국석유공사 사이버 홍보실 자료.
https://www.knoc.co.kr/sub11/sub11_7_1_5.jsp

33 경범죄처벌법 국문/영문법령 참조. 한국법제연구원 법령번역센터자료. https://elaw.klri.re.kr/kor_service/lawView.do?hseq=45838&lang=ENG

34 AmBev, Dirnk Repsnosilby 음주운전 예방 광고 https://www.contagious.com/news-and-views/ambev

35 음주운전예방 및 근절 슬로건. https://www.thinkslogans.com/slogans/anti-alcohol-slogans/drunk-driving-slogans/

36 태풍의 정의와 열대저기압 용어의 차이. 기상청 날씨누리. https://www.weather.go.kr/w/typhoon/basic/info1.do

37 현대미국영어 코퍼스(COCA)에 수록된 신문 말뭉치를 검색해 가장 자주 사용되는 숙어 상위 50개 목록. Applied Research on English Language 9(2). DOI: 10.22108/are.2019.114449.1389

38 뉴스에 사용되는 이디엄 관련 연구논문 참고. Hsu(2020). The Most Frequent Opaque Idioms in English News. PASAA, 60

39 캠브리지 사전 웹페이지의 'Newspaper idioms' 참고. https://dictionaryblog.cambridge.org/category/idioms-and-phrases-in-newspapers/

※ image by Freepik.com